**QUEBRE A CAIXA,
FURE A BOLHA**

CONRADO NAVARRO

QUEBRE A CAIXA, FURE A BOLHA

É hora de romper as regras

FARO Editorial

COPYRIGHT © CONRADO NAVARRO, 2020

COPYRIGHT © FARO EDITORIAL, 2019

Todos os direitos reservados.
Nenhuma parte deste livro pode ser reproduzida sob quaisquer meios existentes sem autorização por escrito do editor.

Diretor editorial **PEDRO ALMEIDA**
Coordenação editorial **CARLA SACRATO**
Preparação **MONIQUE D'ORAZIO**
Revisão **BARBARA PARENTE**
Capa e Projeto gráfico **OSMANE GARCIA FILHO**
Foto de capa **PICSFIVE | SHUTTERSTOCK**

Dados Internacionais de Catalogação na Publicação (CIP)
Angélica Ilacqua CRB-8/7057

Navarro, Conrado
    Quebre a caixa e fure a bolha : decisões práticas para fazer a diferença e ser o dono do seu futuro / Conrado Navarro. — São Paulo : Faro Editorial, 2020.
    160 p.

    ISBN 978-85-9581-105-8

    1. Empreendedorismo 2. Sucesso 3. Sucesso nos negócios 4. Finanças pessoais I. Título

20-1045   CDD 650.1

Índice para catálogo sistemático:
1. Empreendedorismo : Sucesso   650.1

1ª edição brasileira: 2020
Direitos de edição em língua portuguesa, para o Brasil, adquiridos por **FARO EDITORIAL**

Avenida Andrômeda, 885 - Sala 310
Alphaville — Barueri — SP — Brasil
CEP: 06473-073
www.faroeditorial.com.br

Para minha amada esposa Ana Paula, que sempre me deu carinho, força e muito amor. Sonhar e realizar ao seu lado é fantástico!

Para minhas filhas, Laura e Antonia, que representam o sentido de todo o esforço rumo ao Bem, ao Amor e à Verdade. Vocês são a razão de tudo!

Sumário

Agradecimentos 9
Apresentação 11

1. Estoure sua bolha 15
2. Preocupe-se mais em fazer do que em acertar 23
3. Conheça o dono da padaria que você tanto frequenta 29
4. Escute sua mãe, mas decida-se sozinho 35
5. Não tente imitar seus ídolos 41
6. Não confunda ser exigente com ter expectativas 49
7. Passe algumas noites em claro 55
8. Trabalhe de graça 61
9. Seja mais cara de pau 69
10. Tome café com estranhos 75
11. Pague suas contas sempre em dia 83
12. Administre bem seu ego 91
13. Compre mais livros do que você consegue ler 99
14. Pratique um esporte que você não conhece 107
15. Guarde R$ 50 todo mês 115
16. Diga "não" com mais frequência 125
17. Fale mais em público 131
18. Experimente não ter chefe 139
19. Aprenda a pedir desculpas 147
20. Mire-se nos grandes sonhos, mas guie-se por pequenos objetivos 153

O autor: Conrado Navarro 159

Agradecimentos

Praticamente todo autor começa seus agradecimentos lembrando você, caro leitor, da dificuldade que é tirar as ideias da cabeça e organizá-las em um livro. O obrigado inicial precisa ser obviamente destinado a você, que decidiu ler esta obra e a considerou parte de seu processo de aprendizado e transformação. Caro leitor, muito obrigado!

Certo, agora que você já se sente parte deste projeto, posso confessar o quanto ele é maior que eu. Felizmente, tive a alegria de cruzar o caminho do Pedro Almeida, publisher da Faro Editorial, e de toda a equipe desta incrível editora. O desafio de fazer algo diferente e interessante sempre foi enorme, mas ganhou propósito e um contorno pessoal muito especial ao lado de tantas pessoas incríveis. Muito obrigado, Faro!

O processo de escrever um livro também tem altos e baixos em termos de produtividade. Afinal de contas, é importante ter paz de espírito e alguma privacidade para jogar tantas palavras e encontrar nelas algum sentido. Um livro, portanto, não surge sem o apoio incondicional da família, pessoas próximas e que são responsáveis por muitos de nossos momentos de alegria e pelo suporte para as frustrações e fases complicadas. Ana Paula, minha esposa, abraçou muito da rotina de nossa casa para permitir que eu pudesse redigir este livro. Muito obrigado!

Há também pessoas sempre importantes para ler partes do livro, criticando-as sem nenhum compromisso com o agrado e lapidando a mensagem para que ela faça algum sentido. Minha mãe, Carmen; minha irmã, Emanuelle; Ricardo Pereira, Leandro Mattera, Pedro Virla, sócios e amigos, muito obrigado!

Apresentação

Algumas ocasiões são especiais em nossas vidas. Compartilhá-las traz a sensação única de ver mais pessoas sorrindo pelos mesmos motivos que nós, o que por si só eleva nossa sensação de bem-estar, nossa felicidade e autoestima. Para mim, este livro é um desses grandes momentos.

Você tem em mãos um apanhado de ideias, sugestões, histórias e relatos absolutamente genuínos, escritos com base em minhas experiências, quase sem filtros. Esqueça as receitas de sucesso! Você encontrará nestas páginas uma abordagem honesta sobre a importância de assumirmos a responsabilidade por nossos atos e, principalmente, por suas consequências.

Minha proposta é simples: narrar, através de textos provocativos, histórias interessantes e reais, para explicar o que significa "estourar" a bolha, questionar nosso próprio estilo de vida.

Meu objetivo é que você possa refletir sobre o que anda fazendo da sua jornada. Para que a leitura faça sentido, sugiro que analise sua história de vida fazendo três questionamentos:

1. Quanto você já arriscou para estar onde está? Parece pouco?
2. Tomar algumas decisões, aparentemente malucas para seus pais, familiares e amigos, parece significar oportunidades ou, pelo menos, novos desafios?
3. Será que ainda dá tempo de fazer mais ou, pelo menos, diferente?

Se as perguntas foram suficientes para ao menos motivá-lo a pensar; se o compeliram a parar por um momento e fazer algumas caretas; se foram suficientes para você se mexer na cadeira, este livro é para você.

Debrucei-me sobre os assuntos de modo a propor reflexões sobre temas práticos e, ao mesmo tempo, profundos o suficiente para fazer você pensar sobre como encara suas responsabilidades e a escolha de estourar a própria bolha — talvez a decisão mais importante da sua vida.

Em essência, o livro trata das pequenas coisas. Mas por que elas? Porque são as que fazem a diferença em um mundo cada vez mais "barulhento" e cheio de ruídos e distrações. Justamente por serem simples, elas são deixadas de lado, confundidas ou, simplesmente, mal interpretadas.

A beleza das pequenas coisas é que fracassamos constantemente por conta (e apesar) delas, mas também vencemos a partir (e ao lado) delas.

Os capítulos deste livro são curtos de propósito; não seguem uma ordem ou lógica aparente, e isso também é proposital; são baseados na experiência, porque só com a "pele em risco" é que podemos falar de mudança de verdade. O livro é franco e agora está em suas mãos. Estourar a bolha é com você!

Assim como foi gratificante trazer a você este projeto, espero que ele possa somar e ser útil em sua trajetória pessoal e profissional.

Vamos combinar o seguinte: ao final da leitura, você me manda um e-mail ou simplesmente um "alô" através das redes sociais. Gostou? Não gostou? Gostaria de ouvir mais sobre algum tema? O foco é refletir e crescer. Topa? Então, boa leitura!

Conrado Navarro
No Instagram: @conradonavarro
navarro@dinheirama.com

QUEBRE A CAIXA, FURE A BOLHA

1

ESTOURE SUA BOLHA

EXPECTATIVA:
O mundo sempre será compreensivo comigo.

REALIDADE:
Você é responsável pelas consequências de suas escolhas (ou falta delas).

Você já deve ter ouvido o ditado "tudo que merece ser feito, merece ser bem feito". Pois é, tendo isso em mente, veja esta história: quatro crianças de dez anos estavam brincando de atirar pedras em um muro de concreto, supondo estarem em um tipo de guerra em que o inimigo se escondia atrás de um enorme paredão.

A "fortaleza do inimigo", na verdade, era uma república de estudantes. Como bem sabemos, esse tipo de moradia costuma ficar vago durante os meses de férias na universidade, período que também coincide com as férias escolares. Na prática, nessa época, a "guerra ao muro" era uma brincadeira que costumava reunir muitos amigos.

Eu morava ao lado da república e era, quase sempre, o primeiro a ser convocado para o exército que combatia as forças ocultas por trás do muro. Era uma época um pouco diferente, em que nossas brincadeiras consistiam em atividades fora do computador e eram frequentemente associadas a algumas estupidezes típicas de moleques. Nossas bolhas não eram tão fortes, tampouco tão valorizadas.

A soma de casa vazia, garotos com tempo livre e a máxima de fazer bem feito deu origem a uma grande ideia: "Vamos derrubar o muro e finalmente cumprir nosso maior objetivo". Você não leu errado, eu disse mesmo *derrubar o muro*. A decisão parecia viável porque se tratava de uma parede levantada com aquele concreto mais fino e em placas, que permitiam olhares por entre pequenas frestas e deixavam claro que a estrutura não era tão resistente.

Começamos tentando do jeito mais divertido, jogando pedras e objetos maiores em direção ao muro. Em vão. Depois de algumas horas, apenas alguns arranhões e nada de o muro pender para lá ou para cá. Apelamos para os chutes com a sola do pé e para os trancos com o corpo — para isso tínhamos um reforço de elite, um amigo maior (o "Gigante"), que causava o maior "estrago" a cada contato com o muro.

Os barulhos foram ficando mais fortes e intensos, e percebemos que o muro havia enfraquecido bastante. Ao mesmo tempo que nos entreolhávamos com orgulho, éramos inundados pela perigosa sensação de que tínhamos acabado de exagerar na dose. *Isso não vai acabar bem*, eu me lembro de ter pensado e gritado logo em seguida. O eco da minha voz ressoa até hoje na minha mente como o momento em que estourei minha bolha (pequena e insignificante naqueles dias, mas, ainda assim, uma bolha).

Enquanto eu tentava convencer dois dos três amigos presentes de que seria melhor deixar assim e tentar escapar sem grandes problemas, nosso Gigante veio e cravou o pé no meio da parte mais frágil do muro. O barulho foi impressionante! Toda a estrutura desabou e, vendo o muro cair, eu tive a impressão de que aquilo acontecia em câmera lenta. Tudo o que conseguimos fazer foi curtir o momento. Objetivo alcançado.

Crianças (e muitos adultos também) têm um jeito bem particular de se livrar dos problemas: elas simplesmente saem correndo e se voltam para seus afazeres "normais" como se nada tivesse acontecido. Elas correm de volta para a bolha e se aninham lá dentro. Foi justamente o que fizemos. Por morar do lado da república, eu entrei logo em casa, sentei-me em minha cama e comecei a treinar as desculpas que teria que usar mais tarde diante de meus pais. Não tinha mais volta: eu havia destruído minha bolha, apesar de não ter compreendido isso àquela altura.

O muro completamente destruído chamou a atenção de todo o bairro e logo a rua estava tomada de vizinhos e curiosos. A polícia também veio. Era fim de tarde, então era só uma questão de tempo até meus pais chegarem e também se assustarem com o que acontecia lá fora. Eu continuava inquieto, trancado em casa idealizando as justificativas que usaria para não ser responsabilizado.

"Meu filho, você viu a confusão lá fora?", minha mãe gritou da garagem, ao fechar a porta do carro. "Vi sim, parece que algum carro bateu e derrubou o muro do vizinho, né?", respondi, indo ao seu encontro na entrada da sala. Menti como manobra de sobrevivência, mas fora da bolha essa não era uma boa estratégia.

"Muita gente lá fora comentou ter visto você mexendo no muro com seus amigos", disse minha mãe, e sua voz já demonstrava que ela sabia muito mais do que eu presumia.

Respondi: "Ficamos curiosos e fomos ver o que aconteceu, só isso, mãe". Eu já não escondia o nervosismo diante da verdade.

"Olhe bem para mim e não minta", ela disse, segurando meu queixo e me fitando de um jeito que só as mães sabem fazer. Você já passou por isso, tenho certeza. "Você está envolvido com o que aconteceu lá fora? Vamos, responda!" A verdade veio à tona, contada pela minha boca, detalhe por detalhe, momento a momento, tão em câmera lenta quanto a queda do muro. Fora da bolha, eu já sentia que a situação se agravaria para o meu lado.

Minha mãe telefonou para as mães dos outros três amigos envolvidos no episódio para colocá-las a par da situação. Algumas coisas teriam que ser feitas: entrar em contato com o dono da casa, com os estudantes que ali moravam e, principalmente, pagar a conta da reconstrução do muro.

Nenhuma mãe acreditou que seu filho fosse capaz de fazer algo como aquilo, e as três negaram a participação deles no caso. Simplesmente disseram que acreditavam em seus filhos e que todos tinham dito que eu era o mentor da ocorrência e os tinha convencido a agir daquela forma. Para elas, a culpa era minha, e só minha. As bolhas criadas para seus filhos resistiram, e eles se safaram. Eu, não.

Assim são muitas crianças: inocentes, livres de más intenções, mas assim também são muitos pais, tão indiferentes na educação dos filhos que sequer se dão ao trabalho de participar de forma convincente de sua formação como cidadãos. Eles não só criam bolhas insustentáveis, como fazem delas uma mentira para a vida — algo por si só completamente insustentável. O resultado você e eu podemos constatar nos dias atuais.

> Embora não queiramos que nossos filhos fracassem constantemente, tentar protegê-los e correr em seu socorro sempre que tememos um possível fracasso os priva de uma importante lição: a de que falhas são experiências com as quais aprendemos.
>
> – R. BROOKS E S. GOLDSTEIN

Minha mãe simplesmente me colocou para telefonar para os estudantes e dizer o que EU tinha feito. Logo depois, telefonou para o dono da casa e disse que EU tinha uma mensagem a transmitir. Por fim, passei os doze meses seguintes pagando, sozinho, a conta da reconstrução do muro — parte do dinheiro necessário saiu da MINHA mesada.

Como você deve imaginar, esse acontecimento transformou minha vida. Amadureci muito com os desdobramentos do episódio e aprendi que viver é uma oportunidade única de assumir riscos de forma deliberada, por escolha (não por imposição ou sina), mas que nossas decisões embutem consequências que precisam ser encaradas e resolvidas (não adiadas ou ignoradas).

"Quebrar o muro" requer força, objetivos claros, apoio, tudo o que acabamos de discutir. Meta alcançada, é hora de "pagar o preço", lidar com a realidade apresentada e transformada a partir do marco atingido. "Estourar sua bolha" é encarar o desafio de viver a própria vida assumindo responsabilidades e riscos de forma consciente, encarando as consequências de tudo isso como parte do processo, o que pressupõe não as terceirizar.

Esse é o convite que lhe faço, caro leitor: encare os muitos muros que a vida colocará na sua frente, mas lembre-se de que, ao quebrá-los, você assume riscos e responsabilidades com as quais precisa lidar e, principalmente, transformar em aprendizado. E isso só será possível se, antes, você estourar sua bolha!

Torço agora para que você se imagine quebrando um muro enorme: o do tabu em torno do conformismo social e das expectativas a que devemos corresponder desde a hora em que acordamos até a hora de dormir, principalmente por parte de nossos pais e pessoas mais próximas.

Eu cansei de ouvir e ler sobre o que devemos ou não fazer. E você? Que tal agir um pouco por conta própria, com autonomia, assumindo responsabilidades antes delegadas a pais, cônjuges e familiares?

VIVENDO E APRENDENDO

- Com a liberdade, todos recebemos um prêmio chamado responsabilidade.
- Não vale a pena desperdiçar a vida com pessoas complicadas.
- Não fazer nada é escolher. Não tomar decisões ou deixar que alguém as tome por você, também.

2

PREOCUPE-SE MAIS EM FAZER DO QUE EM ACERTAR

EXPECTATIVA:
Existe um caminho a seguir e basta prestar atenção nele.

REALIDADE:
A vida é dura, injusta e, por vezes, absolutamente imprevisível.

Que tal tentar por três vezes ter seu próprio negócio e fracassar? Que tal decidir escrever e publicar um livro e vê-lo ignorado por quatro editoras e recusado por outras quatro?

Que tal abandonar uma carreira bem-sucedida na área de tecnologia e computação para arriscar-se em uma carreira ligada a finanças? Que tal se casar e, diante das escolhas individuais e profissionais, assumir que o casamento simplesmente nunca existiu e encarar um divórcio pouco tempo depois do "Sim"?

Pois é, você acaba de me conhecer um pouco melhor. Tenho 38 anos e os exemplos acima são orgulhosamente meus — e faço questão de usá-los sempre que posso para aprender, amadurecer e compreender melhor como os erros formaram quem sou e o que ainda posso me tornar.

Parece um pouco dramático, mas na verdade a minha história é bem comum. E agora muito mais suave, se quer mesmo saber a verdade. O que veio depois de tudo isso só me tornou alguém mais humilde e capaz de aprender mais com os pequenos detalhes. Empreender deu certo, publiquei quatro livros, minha nova carreira está decolando e vivo um novo casamento maravilhoso.

Ao lidar com a situação do muro, em que acabei sendo o único responsabilizado, aprendi a lidar com a frustração e o sentimento que ela traz – embora não soubesse claramente disso à época. Mesmo sem entender, aquela sensação e meu comportamento diante dela tornou-se fundamental como parte de minha história e de como construo meu patrimônio pessoal. Um dos desdobramentos é que, enquanto eu tentei acertar, agradar e fazer tudo "da melhor forma possível", a vida simplesmente não andou como eu gostaria.

O sucesso é ir de fracasso em fracasso sem perder o entusiasmo.

– WINSTON CHURCHILL

Depois entendi que precisaria fazer mais e buscar os recursos para tornar meus sonhos uma realidade, afinal minha família tinha suas limitações e trazia características da geração que viveu sob o terror da inflação galopante: para eles, era melhor garantir e proteger do que arriscar. Aprendi a fazer mais do que a regra, ou do que esperavam de mim, e isso me tornou uma espécie de "ovelha negra", um rebelde. Mas eu só queria fazer alguma coisa, não ficar esperando.

Entendi que, durante essa jornada, eu teria que lidar com meus desejos de consumo de uma forma honesta, contornando caprichos e possibilidades de maneira consistente e consciente; ou seja, eu não poderia ter tudo ou ficaria sem "combustível" para levar adiante meus projetos pessoais. Aprendi muito sobre prioridades e como ninguém mais pode defini-las em nosso lugar. Somos responsáveis pelo que faz sentido para nós e, depois, por tomar uma atitude, abraçando as consequências.

Entendi que formar patrimônio e fazer a diferença só teriam sentido se os fracassos fossem transformados em motivação para novas tentativas. Entendi que havia duas formas de lidar com as "porradas": apenas ser o saco de pancadas ou então ser o aspirante a lutador que o utiliza para se aperfeiçoar. Aprendi a treinar. Ao deixar de me preocupar com a opinião dos outros, eu parei de pensar na linha de chegada, nos aplausos daquele instante e decidi curtir a jornada.

Colecionar fracassos é essencial: ou fazemos isso sorrindo, aprendendo, amadurecendo e colocando em prática novos hábitos — pensando em nós mesmos —, ou simplesmente desmoronamos e desistimos — para a glória daqueles que nos invejam. Entender e aceitar isso passa por valorizar mais nossa capacidade de fazer, experimentar, tentar, deixando de lado a tentação de agradar e ser agradado a cada passo do caminho.

Repare que há uma diferença entre colecionar fracassos e simplesmente errar: quem coleciona, guarda, aprende, investiga e cresce a partir do que consegue; quem apenas erra, buscando a melhor solução, se decepciona e se torna inflexível.

Pense também na relação entre fazer para aprender e fazer para acertar. É claro que você quer resultados, mas quando a preocupação é extensamente voltada para a consequência, nada acontece — se você pensar demais no que pode acontecer, não sai de casa.

VIVENDO E APRENDENDO

- Escolher o melhor caminho nem sempre é possível de antemão, mas escolher lidar com os desafios do caminho escolhido é a única forma de crescer e aprender.
- Desistir de mudar é mais fácil do que decidir mudar.
- Confiar em tudo que nos acontece é melhor do que reclamar.

3

CONHEÇA O DONO DA PADARIA QUE VOCÊ TANTO FREQUENTA

EXPECTATIVA:
Boas ideias e alguma energia são suficientes para fazer sucesso.

REALIDADE:
Ideias são abundantes, portanto "acabativa" é muito mais relevante do que iniciativa.

Segundo levantamento da Fundação Estudar realizado em 2017, praticamente 70% dos jovens brasileiros têm o desejo de empreender, querem ser donos (de verdade) do próprio nariz. Acontece que muitos desses brasileiros baseiam esse desejo em expectativas e histórias contadas de forma superficial ou midiática. Eu já fui um jovem sonhador deste time, imaginando quão mágica era a vida de empreendedores que eu admirava.

Alguém um dia me disse algo simples, porém poderoso: "E se você pudesse conhecer empresários bem-sucedidos e eles se dispusessem a conversar com você sobre o dia a dia do trabalho que fazem, da gestão do negócio, dos desafios e, claro, dos resultados que o empreendedorismo trouxe para suas vidas?". Pois é, e se eu pudesse ter contato com essas pessoas? E se você, caro leitor, pudesse passar um tempo conversando com alguém assim?

Aqui a discussão ganha contornos diferentes e dramáticos para quem sofre da "síndrome de vira-lata": em uma cultura na qual só o sucesso interessa (falo de nosso Brasil, sim, senhor!), pessoas bem-sucedidas são interpretadas erroneamente quando contam seus "causos".

Tendemos a olhá-los como arrogantes e simples pregadores, quando o mais correto e produtivo seria aprender com eles e encarar a oportunidade de ouvi-los como uma chance de ser mentorado. Agir assim implica "baixar a guarda", ter mais humildade e ouvir mais do que falar — talvez por isso tal caminho seja tão raro.

O problema pode ser quem você quer conhecer, principalmente porque hoje em dia as histórias se propagam com uma velocidade incrível através da internet. Portanto, responda para si mesmo: quem você gostaria de conhecer e que pode servir de modelo para seus sonhos empreendedores?

> Estamos criando uma geração competente em matéria de perseverança?
>
> – DANIEL PINK

É claro que bater um papo com o Jorge Paulo Lemann deve ser mais instigante do que conversar sobre negócios e gestão com o dono da padaria que você tanto frequenta, mas se hoje você está longe de conseguir essa reunião com um dos homens mais ricos do Brasil, que tal começar conversando com o "herói" ali da esquina?

Tenho a impressão de que somos orgulhosos demais para ver nas histórias dos outros os ingredientes que podem mudar nossa própria realidade. Para momentos assim, existe sempre o "ele deu sorte" ou o "ele era a pessoa certa, na hora certa".

Tomamos os exemplos bem-sucedidos como gente que tem autoestima demais (gente "marketeira", de ego inflado, alguém metido, e por aí vai), enquanto a verdade é bem mais óbvia. Eles são resilientes. Não perecem. Insistem, com paciência, determinação e sempre com características de aprendizes.

Admitir funcionários, lidar com fluxo de caixa, cuidar do dia a dia de um negócio — isso você pode aprender com gente bastante acessível e bem parecida com você, ainda que, em muitos casos, eu concordo, esses contatos possam ser frustrantes, já que há muita carência de profissionalismo nos pequenos negócios, é verdade. Ainda assim, aproveite as oportunidades que estão perto de você. Alguém já dizia que "nós nunca teremos todas as respostas, mas devemos sempre fazer todas as perguntas".

Começar pequeno é mais fácil e requer menos habilidades. Confesso que demorei a aceitar e admirar a simplicidade dessa afirmação. Então, em vez de apenas desejar empreender, procure enxergar essa decisão na prática e corra atrás de um *networking* que possa colocá-lo em contato com essa realidade.

Quando você vê por aí alguém dizendo que "empreender é colocar a mão na massa", entenda: isso significa que é mais simples do que você imagina. Ache uma necessidade e guie-se por ela, mas primeiro tenha modelos e cultive contatos que possam abrir sua cabeça para o que deseja aprender.

VIVENDO E APRENDENDO

- Sonhar grande é sempre importante, mas tudo que é incrível, um dia começou pequeno.

- Aproveitar as oportunidades de conhecer empreendedores e conversar com eles pode valer mais do que diplomas.

- Quando as histórias têm reviravoltas, decepções e momentos tensos, elas são verdadeiras e merecem atenção.

4

ESCUTE SUA MÃE, MAS DECIDA-SE SOZINHO

EXPECTATIVA:
Se algo sair errado, sempre terei com quem contar.

REALIDADE:
Família é porto seguro, mas não é o mesmo que banco, escola ou terapeuta.

Conforme já discutimos, histórias de sucesso e empreendedorismo costumam trazer alento e esperança, mas são frequentemente tratadas de forma romântica demais. Queremos ser como nossos ídolos, mas pouco sabemos sobre suas reais trajetórias — e sobre quantos percalços devem ter enfrentado, além, é claro, dos que venceram.

A essa altura, concordamos que erros, tombos, fracassos e suas consequências são tão ou mais importantes do que decisões inteligentes e acertadas, certo? Ótimo, mas nem sempre conseguimos lidar muito bem com essas variáveis no nosso cotidiano — fica no ar aquela sensação de que "é fácil para eles porque eles têm talento e são mais preparados". Sabe aquela ideia de que "a grama do vizinho é sempre mais verde"? Não é, mas acreditamos nisso por comodidade.

MAMÃE, O QUE EU FAÇO?

Chamo de "Risco Mamãe" a "habilidade" de nos camuflarmos em algumas desculpas. O nome mais comum e usado na literatura de negócios é *acomodação*, mas você provavelmente se refere a isso como *zona de conforto*. Neste livro, você já viu que identifiquei a situação como "bolha", e acho que essa definição representa melhor o que quero dizer.

A questão é simples: evitamos oportunidades apenas porque comparamos nossa realidade atual — o que já temos, onde já chegamos etc. — com a ausência de resultados tangíveis a partir de nossas ideias (a incerteza alimenta o medo). O resultado é óbvio: o presente parece melhor que o futuro. Ficar dentro da bolha parece a decisão certa diante do que não sabemos e/ou não queremos enfrentar.

> Se você não se importar com o que diz, ninguém mais o fará. Seja autêntico
>
> – PENELOPE TRUNK

Durante a fase de maturação de nossos planos, costumamos consultar pessoas queridas. Afinal, *o que será que mamãe achará da minha ideia?* Quantas vezes eu fiz isso... E continuo fazendo. A pegadinha aqui é que gente querida frequentemente tenta nos dissuadir da "loucura" de arriscar o atual emprego ou o padrão de vida em detrimento da tentativa de construir o próprio negócio ou um plano de investimentos diferenciado.

Cuidado, pois o preconceito familiar é mestre em criar falsas verdades e caminhos "melhores". Você pode estar pensando na sua ideia e, de repente, uma enxurrada de conselhos surge para "ajudá-lo" — "é muito arriscado", "é importante estar preparado antes de tentar" ou "será que é a melhor hora para começar seu negócio próprio?".

Ocorre que parte desse julgamento e preconcepção surge nos diálogos mantidos com gente muito chegada. É claro que essas pessoas não jogam o balde de água fria simplesmente por prazer (ou por sacanagem). Não, o objetivo é genuíno: evitar seu sofrimento. Nada mais. No entanto, você quer fazer tudo certinho e evitar o sofrimento ou quer tentar fazer alguma coisa de sua vida?

É compreensível, você deve concordar, mas esse hábito costuma ceifar oportunidades desconhecidas só porque elas são, veja só, *desconhecidas*. O problema não está em como convencer as pessoas a acreditar no potencial que têm, mas em como convencê-las a acreditar que têm potencial e que ele não precisa ser provado, basta ser experimentado.

A execução de uma ideia requer senso prático. Se você quer abrir um novo negócio, talvez os melhores lugares para apresentar sua ideia e buscar informações para seu plano de negócios sejam os diretórios locais de empresas de sua cidade (CDL e Associação Comercial), encontros de empreendedores/startups, o SEBRAE e demais reuniões de empresários; pois é, não o almoço de domingo com a família.

Se você pretende aprender a investir e criar uma estratégia de retorno focada em ativos de valor (sociedades, ações e cotas de fundos) e patrimônio gerador de renda passiva, o melhor é conhecer profissionais e investidores com esse perfil, além de se informar através de cursos, livros e sites especializados. Apresentar essa intenção ao parente que só conhece a poupança e o investimento em imóveis só vai gerar reações negativas e mais dúvidas.

PREPARE-SE PARA O "EU NÃO DISSE?"

Ao agir por conta própria e segundo seus princípios, informações disponíveis e conhecimento, você dará grandes saltos profissionais. Vai amadurecer, conhecer gente nova e mudar sua forma de aprender. Vai crescer porque escolheu o caminho de estourar sua bolha.

Ótimo, mas, ao primeiro fracasso, terá que aguentar gente querida dizendo "eu bem que te avisei, não foi?" e coisas do gênero. Você se lembra do muro que coloquei abaixo e de tudo o que aprendi com aquela história? Pois é, então aproveite um pouco o colo oferecido, aprenda com a mancada e siga em frente. Siga o seu caminho sem se abalar com o erro e sem se apegar demais ao aconchego oferecido depois dele.

Atenção quando quiser realmente um crítica construtiva e feedback imparcial sobre seu plano de conquistar o mundo: sua mãe não é a melhor pessoa para essa tarefa. O "Risco Mamãe" pode ser paralisante, afinal a opinião dela conta demais e é sempre cercada de amor e muita preocupação. Dentro da bolha, você não se machuca, mas também nada realmente legal acontece. É uma bolha, é chato e entediante, embora seja "quentinho" e "gostoso" — e lá dentro, o tempo voa.

Apesar de ter consciência de o quanto o fracasso e os tombos ensinam, sua família quer ver você sorrindo. Sempre. No entanto, a vida, como sabemos, é bem diferente. Gerencie bem as interferências, o efeito que elas causam no seu dia a dia e você evitará a perigosa zona de conforto. Irônico, não?!

VIVENDO E APRENDENDO

- Quem ama de verdade sempre será capaz de nos apoiar e oferecer ajuda, mas isso não significa necessariamente incentivo.

- É fato que as mães sempre têm razão, mas nenhuma vida pode ser explicada apenas de forma racional.

- Acreditar demais no talento e na inteligência torna as pessoas preguiçosas. O esforço é sempre a melhor alternativa.

5

NÃO TENTE IMITAR SEUS ÍDOLOS

EXPECTATIVA:
Deu certo para ele daquele jeito, dará para mim também.

REALIDADE:
É mais fácil aprender fazendo (e errando) do que somente estudando (e emulando).

O aspecto mais interessante e que mais me agrada na interação com jovens repletos de sonhos (assim como eu e você) é a possibilidade de aprender e trocar experiências. Uma das perguntas recorrentes nesta interação é direta e seca: "Como você fez para atingir o sucesso financeiro?".

A resposta padrão dos especialistas é: "Gaste menos do que ganha e multiplique/invista parte de suas receitas". Trata-se de um conselho honesto e que abrange grande parte da minha jornada, mas é simplista sob o ponto de vista humano, já que não leva em consideração os perfis, as diferentes realidades sociais e o ambiente familiar em que as decisões são tomadas.

Além dos óbvios hábitos de economizar e poupar, gosto e procuro incentivar que todos tenham mentores e modelos pessoais de sucesso. De preferência, que esses exemplos sejam acessíveis e permitam ampla e irrestrita troca de conhecimento, debate de opiniões e possibilitem interações envolvendo situações reais vividas por essas pessoas.

Já li inúmeros livros sobre enriquecimento, investimentos e autoajuda envolvendo grandes investidores e celebridades, mas será que dá para atribuir meus resultados a eles?

Acontece que modelo de sucesso não é o mesmo que receita de sucesso!

Logo surgem os primeiros problemas e as principais dúvidas. O jovem frequentemente idolatra celebridades e/ou personalidades a partir do que eles alegam ter alcançado, e não por conta de uma identificação real com uma habilidade ou característica pessoal. A consequência é que tal ídolo se transforma em um personagem constantemente imitado, mas cuja história não mobiliza, de fato, decisões diferentes ou novos hábitos. O que se deseja é a consequência, o "depois". Nem sequer interessa o "antes" ou o "durante".

Você já deve ter visto alguém dizer algo do tipo: "Procure saber como vive o seu ídolo e você talvez desista de ser como ele". Pense na rotina de um jogador profissional de futebol que fatura milhões e imagine o que às vezes ele precisa fazer para superar sua preguiça de se exercitar.

É legal ter ídolo, mas é melhor ainda ter mentores. A escolha de um mentor difere, portanto, do simples ato de emular o outro que admiramos. Para que haja aprendizado e transformação, é importante que as histórias se misturem e que os caminhos e atividades se relacionem. Aqueles que nos inspiram devem agregar diferenciais ao nosso cotidiano. Diferenciais que possam criar janelas de conhecimento e vantagens competitivas.

Observe a quantidade de eventos organizados em torno do tema "startups", voltados para quem deseja começar sua própria empresa, mas de uma forma diferenciada, com potencial e destaque. Nessas ocasiões, são frequentes e muito ricas as participações de empreendedores bem-sucedidos, que se oferecem para avaliar os grupos, planos de negócios e empresas. No entanto, o relacionamento, o *networking* de qualidade entre o aspirante a empreendedor e seus pares de sucesso precisam seguir adiante, mesmo que a empresa não vingue.

Mentoria de qualidade sempre vale muito mais que dinheiro — e a falta de recursos financeiros é sempre a reclamação número um de quem deseja empreender, o que é um engano. Algumas das melhores oportunidades de investimento e relacionamento que beneficiaram meus negócios surgiram justamente da minha presença em eventos dessa natureza. Seja como palestrante, debatedor ou participante, sempre procurei aproveitar o momento para aprofundar meu conhecimento em relação ao mercado, às empresas que nele se destacam e às pessoas que fazem as coisas acontecerem. Assim conheci diversos CEOs e diretores de empresas, e algumas dessas pessoas se tornaram meus mentores desde então.

Você lê algo sobre inovação, startups unicórnio (que valem mais de US$ 1 bilhão) e pensa: "Quero ser 'o cara' de algo assim". Ótimo!

O assunto chama minha atenção porque é cada vez maior o número de jovens profissionais inspirados por Mark Zuckerberg, Steve Jobs ou Warren Buffett. Se quiser exemplos nacionais, que tal Jorge Paulo Lemann e Luiz Barsi? Legal, mas quem realmente conhece Zuckerberg, Jobs, Buffett? Quero dizer, quem sabe como é o ser humano Mark ou como era o jovem empreendedor Jobs, quando começou?

Será que realmente nos interessamos pela história toda ou estamos somente presos aos resultados, à fama e a tudo o que tais figuras representam? Queremos ser como eles ou queremos resultados tão fascinantes como os que eles atingiram?

A depender da resposta, muito precisará ser revisto no que diz respeito aos modelos de sucesso. Resultados são parte das consequências de nossas escolhas, sendo a primeira o estourar da própria bolha, arriscando e, ao mesmo tempo, conhecendo e aprofundando o que sabemos em relação às histórias que nos inspiram e nos servem de modelo.

Você provavelmente já viu nas livrarias centenas de livros que falam sobre "como fazer apresentações como Steve Jobs", "como inovar como Steve Jobs" ou "como gerenciar como Steve Jobs". Ou quem sabe sobre "o jeito Warren Buffett de investir", "como analisar balanços como Warren Buffett" ou "as lições de Buffett para o investidor". Ou ainda sobre a fascinante história do Facebook, que inclusive virou longa-metragem e envolve um brasileiro hoje bilionário.

Muita gente insiste em querer aplicar tais "conceitos" em sua academia, clube ou casa noturna. Ou então, imagine só um profissional do varejo capaz de inovar tanto como Mark Zuckerberg. Ou um pequeno investidor querendo alavancar sua carteira de ações com os ensinamentos de Warren Buffet. A teoria e as lições inspiram, são válidas e motivam, mas não são replicáveis sem que os contextos sejam devidamente explorados e compreendidos.

Quem é o filho, o aluno, o pai, o cidadão, o amigo, o chefe, o marido Mark Zuckerberg? Como ele vive? Que experiências pessoais vivenciou? Fracassou? O que fez diante de suas falhas? Como lidou

> Até alguém ser chamado de talentoso, dele já foram exigidas muita dedicação, concentração e disciplina.

— FÁBIO ZUGMAN

com os desafios enfrentados durante seu caminho como empreendedor? Ele vivia em uma bolha, dependente de seus pais ou de outras pessoas?

E Warren Buffett, quem ele realmente é? Como lida com as pessoas em seu dia a dia? Realmente fez tudo sozinho ou se inspirou em um mentor? Deu sorte ou se especializou em uma área? Arriscou? Quanto? Qual é sua estratégia para criar resultados realmente surpreendentes? Quando e como ele estourou sua bolha e passou a pagar o preço por suas decisões?

Nosso tempo é finito e cada vez mais disputado, então precisamos nos esforçar para ter contato com exemplos de sucesso mais factíveis e, principalmente, mais próximos de nossa realidade (falamos disso alguns capítulos atrás).

A possibilidade de trocar experiências com alguém acessível nos coloca diante do ser humano que há por trás de qualquer história de sucesso. Gente que erra, acerta, exagera, decide, faz, reclama, trabalha e adoece. Gente que vive fora de suas bolhas e tem muita coisa bacana a compartilhar sobre essa escolha.

Insisto nisso porque nem toda fórmula de sucesso é replicável, mas todo contato influencia o quanto aprendemos e reforça a importância do exemplo. Conhecer *de perto* boas histórias ensina muito mais do que apenas *conhecer e repetir* boas histórias contadas por livros e/ou terceiros.

Não sou contra a onda de livros que usa figuras míticas para passar uma mensagem (quase sempre comercial). Só acho que conhecer de perto pessoas de sucesso (ainda que "menores" em uma escala de sucesso) pode ser muito mais interessante e proveitoso. Evite a tentação de basear-se em fórmulas. Prefira "como" a "quem". Sempre.

O recado é simples: prefira sempre as biografias em detrimento das acrobacias.

VIVENDO E APRENDENDO

- Investir tempo e energia em bons relacionamentos gera muito mais oportunidades que textões nas redes sociais.

- Quando estiver difícil dar o próximo passo, apele para a vida real e para as biografias. Inspiração motiva mais do que reflexão.

- Mesmo a pessoa mais bem-sucedida que você puder conhecer em sua vida ainda estará em crescimento.

NÃO CONFUNDA SER EXIGENTE COM TER EXPECTATIVAS

EXPECTATIVA:
Vou provar que sou capaz de alcançar o sucesso.

REALIDADE:
Ninguém realmente se importa com o seu sucesso. As pessoas gostam mesmo é de julgar.

Você já reparou como grande parte das pessoas costuma ser boa em criticar decisões e opiniões alheias, sempre apontando aquele que deveria ser "o melhor caminho" ou "a hora certa para agir"? Em compensação, também há muitas pessoas que parecem péssimas em lidar com críticas em relação à própria conduta e passos cotidianos — como se a opinião dos outros fosse pura implicância.

A maneira como lidamos com as posturas sociais esperadas e as exigências que fazemos quando o outro é o alvo da vez determinam nossa capacidade de gerenciar as expectativas. Algumas perguntas podem facilitar sua imersão no tema:

- Como agimos quando somos cobrados? Nossa resposta muda se estamos sob pressão de familiares e vizinhos?
- Agimos mais para satisfazer nossos desejos ou com base nas expectativas dos outros?
- Somos coerentes em relação ao que fazemos e exigimos dos outros?

Não fui muito feliz quando respondi de forma sincera a essas perguntas pela primeira vez. Com 17 para 18 anos, na época de escolher uma carreira, eu sofria uma enorme pressão para me tornar engenheiro, a profissão fantástica escolhida e seguida com brilhantismo por meu pai. Eu não queria passar pela experiência de desenvolver uma carreira sempre pensando na "sombra" de algum familiar ou na expectativa de ser melhor que ele.

Inúmeros exemplos surgirão em sua cabeça, como o dos pais que depositam em seus filhos uma enorme pressão por resultados e acabam criando um adulto inseguro, perfeccionista (uma característica ruim, não uma qualidade) e socialmente inapto.

Quando as pessoas à sua volta sabem como fazer os momentos bons e ruins se reverterem em benefício para si mesmas, elas se preocupam menos e vivem melhor. E isso faz com que conviver com elas seja mais prazeroso para você.

— SPENCER JOHNSON

Ou o caso, muito comum hoje em dia, de jovens que se endividam e prejudicam o orçamento familiar para ter a oportunidade de "pertencer" ao grupo de amigos, o que caracteriza a inclusão social pelo consumo. Roupas, celulares, estilo de vida, há quem crie suas "regras" e gere expectativas demais — e caímos nessas armadilhas.

O MEU É BOM; O SEU, NEM TANTO

Expectativas são justamente isto: limites impostos para o que eu e meus pares devemos fazer para continuarmos semelhantes entre nós, mas, ao mesmo tempo, lançando um olhar reprovador aos comportamentos que julgamos inapropriados.

As relações com os iguais permanecem, os dias passam, mas novos desafios dificilmente são vencidos. Ora, se não há divergência construtiva de opiniões e focos de tensão que façam você rever decisões e opiniões, que oportunidade há de melhorar, de fazer diferente ou simplesmente de errar? Ao esperar muito dos outros e pouco de nós mesmos, ficamos paralisados.

Aposto que você já ouviu o dito popularizado pelo filme *Clube da luta* sobre *status*, uma medida essencialmente baseada em expectativas: "*Status* significa comprar o que não precisamos, com o dinheiro que não temos, a fim de impressionar pessoas de quem não gostamos". Tudo para parecer bem diante do que a sociedade espera de nós.

O tema se encaixa perfeitamente na temática associada à busca pela independência e pelo sucesso pessoal, na medida em que só podem alcançar tais objetivos indivíduos autossuficientes em matéria de realização pessoal e desafios. A liberdade pessoal só será plenamente alcançada quando nos libertarmos das armadilhas do *status* e nos focarmos em nossas prioridades.

Dar muita atenção às expectativas dos outros e às suas pressões sociais subtrai de nosso dia a dia a capacidade de preferir a alegria dos pequenos detalhes em detrimento da necessidade de cravar a última palavra, de querer "lacrar", para usar um termo bem atual.

Tome o meu exemplo pessoal. É claro que a expectativa do meu pai para eu seguir sua profissão era natural, aparentemente inofensiva e até mesmo interessante "porque é isso que os pais fazem". A pressão dessa escolha, no entanto, teria me dirigido para uma espiral de enormes desafios, e percebi que eu me basearia muito mais na capacidade de agradá-lo que de me tornar um profissional diferenciado. Eu seria dirigido pelas expectativas, mas pouco exigente em relação ao que realmente interessava: minha vida.

Ser exigente para o que faz sentido requer que você passe a valorizar mais as suas próprias conquistas, sua história atual e as perspectivas que derivam de seu poder de escolha. Só assim você poderá lidar melhor com as expectativas que alimenta em relação ao seu potencial, mas sem colocar nessa conta a opinião (interferência) dos outros.

O objetivo aqui é conseguir passar o dia mais leve, de bem com suas decisões, sendo capaz de enfrentar as consequências delas, mas também satisfeito e sem a obsessão pela razão (a famigerada última palavra) em todas as interações sociais.

Ser exigente é um reflexo desejado da postura comprometida com a sua evolução, o aprendizado da jornada — uma atitude assim pode transformar as expectativas dos outros em mudança. Por outro lado, simples expectativas carecem justamente do compromisso e acabam sendo apenas julgamento disfarçado de esperança — e isso só causa em todos um sentimento de inadequação e inveja.

VIVENDO E APRENDENDO

- Não há mal algum em deixar uma conversa quando ela não agrega nenhum valor.
- Agir com coerência e respeito às prioridades gera inspiração; viver para os outros gera frustração e inveja.
- Não faz sentido ser cópia nem investir energia para impressionar os outros.

7

PASSE ALGUMAS NOITES EM CLARO

EXPECTATIVA:
Cedo ou tarde, a inspiração aparece e a carreira (o trabalho) flui.

REALIDADE:
Quanto mais insistir e tentar, mais a inspiração vai perdurar (e a sorte também).

Há dias que dá vontade de jogar tudo para o alto e desistir, não é mesmo? Todos nós passamos por momentos complicados, situações desagradáveis, tensas e que alimentam uma crescente desconfiança em relação à nossa capacidade de superar desafios.

Com que frequência você se questiona? Costuma hesitar? Desiste com facilidade? Como ficam os sonhos e objetivos traçados? Eles estão sendo respeitados (e alcançados)? Sempre que o seu sono ficar mais difícil por conta da inquietação em relação aos seus próprios meios de buscar o sucesso, levante-se e vá trabalhar. Noites em claro dedicadas ao seu sonho nunca serão em vão! E será mais produtivo que tentar esquecer as ideias na cabeça.

Quando não consigo dormir ou preciso passar algumas horas madrugada adentro revendo meus esforços, apelo para a leitura, seja das lições de mentores anotadas em um caderno ou de trechos de uma biografia.

Procuro observar o posicionamento de quem admiro diante de três questões:

1. Eventos, pessoas ou decisões são usados como justificativas (muletas) e/ou desculpas?
2. Com que frequência eles desistem? Com que frequência eles insistem? Por quê?
3. Os resultados depois de uma crise de criatividade ou trabalho são, de alguma forma, positivos?

Passar algumas noites em claro e admitir que não temos as respostas para todos os desafios que encaramos ajuda a criar a atmosfera perfeita para aprendermos mais e mais rápido. Mas isso só fará sentido se pudermos compartilhar nossas angústias de forma sincera e, preferencialmente, com quem já tenha passado por situações semelhantes.

Se você anda preocupado e não sabe o que fazer, tente com ainda mais esforço. Com frequência você perceberá que, para que

Qualquer tentativa é melhor que a mais elaborada desculpa.

– SETH GODIN

suas metas sejam alcançadas, você terá que simplesmente insistir mais, ser ainda mais disciplinado e buscar sempre o aprendizado.

Trabalhe, trabalhe e trabalhe. Muito. Obviamente, não confunda esse conselho com trabalhar de qualquer jeito, de modo a ter a sensação de que o tempo está passando e você está ocupado. E tampouco pense que se trata de uma recomendação para se tornar um *workaholic*, um viciado em trabalho.

A ideia é permitir-se alguns exageros criativos e produtivos para testar o quanto seu interesse pelo trabalho está realmente associado ao seu propósito de vida. Trabalhar muito não pode ser um fardo, mas pode ser que seja, em muitas ocasiões, um sacrifício.

O escritor Isaac Asimov, famoso por suas fantásticas histórias de ficção envolvendo robótica e tecnologia (você deve conhecer o filme *Eu, robô*), escreveu e publicou mais de quatrocentos livros, trabalhando das seis da manhã até o meio-dia, todos os dias, durante quarenta anos. Ele certamente escreveu muita coisa da qual não gostou e que não foi publicada (a maioria, inclusive), mas trabalhar muito, de forma sistematizada e organizada, era uma de suas marcas registradas. Seu legado referenda suas escolhas nesse sentido.

A propósito, este trecho do livro foi escrito na madrugada de um sábado qualquer. Este livro não saía da minha cabeça, mas eu estava cansado e tudo o que consegui fazer foi me lembrar de como me fazia feliz passar uma noite em claro, debruçado em um projeto tão desejado e especial. Não foi a primeira e nem a última vez. Faça o melhor que puder, mas quando não souber o que fazer, apenas insista!

VIVENDO E APRENDENDO

- A sorte costuma procurar aqueles que acreditam nas oportunidades.
- Trabalhar muito é tão importante quanto trabalhar direito.
- Pessoas bem-sucedidas estão dispostas a fazer coisas que pessoas malsucedidas não querem fazer.

8

TRABALHE DE GRAÇA

EXPECTATIVA:
Meu talento e minha formação serão devidamente reconhecidos (e recompensados).

REALIDADE:
Habilidades precisam ser treinadas, percebidas e vendidas, e isso é uma escolha individual.

Você se lembra de suas primeiras entrevistas de emprego? Quando somos recém-formados ou ainda estudantes, não temos experiência profissional. Como consequência, não conseguimos preencher os requisitos mínimos das principais vagas em aberto. Aconteceu com você.

Vira e mexe sou abordado por jovens que, como eu alguns anos atrás, estão perdidos em relação ao que fazer, como agir em relação aos desafios profissionais, ambições pessoais e a escolha de uma profissão. A confusão principal se dá por conta da preocupação em não corresponder às expectativas, mesmo sabendo que muitas delas são exageradas, além de mal comunicadas.

Aconteceu comigo e confesso que isso me deixou bem chateado. Eu queria trabalhar e ouvia sempre o clássico "Você não tem experiência". Eu tentava argumentar dizendo: "Claro, eu ainda estou na faculdade, então preciso que alguém me dê essa oportunidade inicial", mas não adiantava. Experiência, experiência, era só isso o que interessava, e sempre será. Acompanhe minha história.

No quarto ano da graduação, depois de viver essa frustrante experiência de procurar trabalho por algumas vezes e já tendo fracassado como empreendedor por duas vezes, decidi que eu tinha que trabalhar.

Se faltava experiência profissional, sobrava cara de pau (falaremos só sobre isso no próximo capítulo). Com alguns contatos, descobri uma empresa que era reconhecida na região por criar soluções e produtos interessantes, tinha boa reputação e profissionais com quem eu tinha alguma abertura (alguns eram amigos da família).

E se eu fosse lá conversar com eles sobre possíveis vagas de estágio?, pensei por alguns dias. Não, acho que vou lá e vou me oferecer para trabalhar apenas por experiência, sem remuneração ou qualquer tipo de pagamento.

Depois de alguns dias pensando nas diversas respostas possíveis que o diretor que eu conhecia poderia conceder, percebi algo bastante óbvio e simples: a pior resposta seria aquela que eu já tinha ouvido dezenas de vezes, a clássica: "Infelizmente não vai ser possível, porque você não tem experiência".

Ou seja, dar ouvido aos demais, achar minha ideia absurda e não ir até lá para conversar com eles deixaria as coisas como estavam; ou seja, não mudaria absolutamente nada. Ir até lá e ouvir um "não" também não afetaria o curso das coisas. *Interessante*, eu pensei como se descobrisse o Santo Graal das negociações.

O risco de uma consequência ruim, pior do que a realidade antes da decisão, era praticamente nulo. Eu não tinha nada a perder. Repare que eu não tinha uma abordagem clara, tampouco uma estratégia para conseguir trabalho. Eu não sabia o que ia dizer, mas tinha o desejo de trabalhar.

Levantar-se e ir até lá não foi fácil, mas foi o que fiz. Demorei cerca de uma hora para ser recebido e, assim que pude me sentar, lancei um olhar simpático ao diretor e agradeci a oportunidade. "Obrigado por me receber", foi o que consegui dizer, e sorri.

"Conheço você e sua família e sei do seu potencial, mas infelizmente nós não temos vagas em aberto", foi o que eu ouvi assim que a secretária fechou a porta atrás da minha cadeira. Eu já ouvira sentenças semelhantes algumas vezes, o "não" eu sempre tinha e ele não mudaria as coisas. Não havia razão para entrar em pânico.

"Entendo, mas confesso que não vim até aqui para pedir emprego", eu disse com uma voz calma e tentando demonstrar alguma estabilidade emocional. Assim que terminei a frase, o diretor se ajeitou na cadeira. Depois de alguns anos, fui entender que ele só começou a me levar a sério a partir desse ponto.

Então continuei: "Estou aqui porque esta é a empresa onde trabalham os melhores profissionais da região e a empresa que atende aos melhores clientes", o que era verdade e algo que merecia ser dito. Nesse momento, eu senti que um ser humano passou a me ouvir.

"Ganhar para estar aqui deve ser ótimo, mas alguém na fase que eu estou daria tudo apenas para pendurar um crachá como o seu no peito. Eu vim porque quero trabalhar, não quero ganhar por isso", finalmente desabafei com alguma dificuldade, mas com sinceridade e olhar confiante.

"Você é corajoso e eu gosto disso, mas infelizmente não tenho como contratá-lo porque não tenho como alocá-lo", ele disse, apontando para a sala à frente da recepção, separada por divisórias de vidro. A área estava repleta de mesas e profissionais e era nitidamente pequena para o tamanho das operações. "Além disso", ele continuou, parecendo desapontado, "não temos mais orçamento para comprar equipamento, mesa, cadeira etc."

Sua sinceridade era visível e, ainda que a conversa estivesse se desenrolando bem, eu ainda estava na mesma. *Não vou conseguir trabalhar aqui nem pagando*, pensei ao afundar as costas na cadeira e levar as mãos à cabeça. *Opa, peraí... É isso!*

"Eu trago mesa, cadeira, meu computador e o que mais for necessário de casa, só preciso de espaço e alguma confiança", eu disse com espontaneidade e inocência. Desarmado e desconcertado, ele cedeu. Fiquei lá por seis meses sem remuneração e, quando esse mesmo diretor teve uma nova oportunidade em uma grande multinacional, alguns anos mais tarde, ele montou sua equipe começando por mim. Finalmente, eu tinha experiência. Ufa.

Serei objetivo e direto: se você ainda não sabe bem o que quer da vida profissional, mora com os pais e está simplesmente perdido em relação ao futuro, comece a trabalhar.

Seu maior desafio não é ser alguém, é simplesmente SER. E para ser você precisa agir.

Você pode ser voluntário em uma enormidade de lugares e empresas, inclusive aquelas com fins lucrativos. Você pode trabalhar criando seus próprios produtos para depois vendê-los por aí. Nas ruas. Em lojas. Pela internet. Conheço muitos jovens que faturam alto com isso, sem nem ser notados pelos outros.

> O que destaca as estrelas da média não é o que têm na cabeça. É o uso que fazem daquilo que têm.
>
> – ROBERT E. KELLEY

O trabalho não é algo que aparece; não é algo que simplesmente existe ou não existe; também não é algo que alguém deixa na sua caixa de correio. Trabalho também não é uma chance que alguém leva (correndo) até você. O trabalho, caro leitor, é uma escolha.

Essa escolha traz consigo pressupostos importantes para as próximas etapas da vida. Você conhecerá novas pessoas e profissões, além de diferentes tipos de atividade. Você lidará com clientes, pessoas com as mais diversas necessidades e problemas reais que precisam de soluções eficazes.

Faça uma analogia com a necessidade de escolher diante de portas fechadas ou mesmo de bifurcações e encruzilhadas. Você pode ficar ponderando durante um tempão diante das alternativas ou pode simplesmente decidir-se por um caminho e enfrentá-lo. Você abriu mão de outro caminho, mas seguiu adiante.

Esqueça o ingênuo pensamento de que é possível analisar prós e contras de toda e qualquer decisão a ser tomada em relação ao trabalho, escolha da profissão e projetos de vida. As variáveis envolvidas são muitas e isso só o fará permanecer paralisado.

Eu costumo defender que vale mais experimentar, recomeçar, ter duas ou três profissões ao longo da vida, cada uma delas com seus desafios, ciclos, realizações e história do que viver uma vida "preso" a uma escolha infeliz, minando a coragem para realmente fazer diferente.

Lembre-se: você é jovem. Quando decidir se desplugar das entediantes noites com a cara "plantada" no YouTube ou na Netflix para acordar cedo e sair para trabalhar; para conversar com gente no melhor estilo "cara a cara"; para lidar com pressão, frustração, você começará a experimentar a vida realmente fora da bolha, mas não a vida como gostaria que ela fosse.

Desprender-se do aconchego do ninho, optando por sair da sua zona de conforto, fará de você alguém capaz de arriscar mais, bem como de aprender melhor e de realizar qualquer coisa com a ambição necessária para fazer a diferença.

Quem é realmente fera em alguma coisa geralmente é assim porque é capaz de superar desafios e dificuldades. Uma afirmação óbvia, concordo, mas olhe para isso de outra forma: gente assim vence porque usa e abusa de suas qualidades, mas também enfrenta seus pontos fracos e questões ainda não superadas. Dor. Sacrifício. Dedo na ferida. Ao agir assim, "cria casca" e se fortalece.

A essa altura, tudo isso pode parecer um papo de quem quer apenas "cagar regras" e apenas provocar os pivetes, mas na verdade trata-se de uma enorme lição que aprendi ao encarar meus próprios fantasmas, a terapia e o TDAH: para encarar de verdade qualquer desafio, é preciso libertar-se do julgamento.

Muita gente não se mexe porque está preocupada com o que os outros vão pensar ou porque imagina o que a família vai dizer se souber que você é voluntário aqui ou ali. Ou então, pode achar que é melhor não fazer alguma coisa para não correr o risco de ser tachado de interesseiro ou cara de pau.

Desculpas. Distrações. O tempo vai passando, mas sem o amadurecimento real qualificado para se traduzir em experiência, bom senso e capacidade de realização. É como se a idade fosse avançando, mas sem seu peso habitual, o que se traduz em uma armadilha mortal: logo ali, no futuro, todo o peso da negligência cairá de uma vez sobre sua cabeça.

Ok, há quem prefira esconder-se nas expectativas dos outros (e manter-se um eterno adolescente) a ser feliz à sua maneira, além de ter alguma disposição para pagar o preço dessa escolha. Somos livres para decidir como viver, mas precisamos ser responsáveis o suficiente para arcar com as consequências dessas atitudes.

Escolha. Para quem está começando a vida, esta escolha chama-se trabalho. Qualquer trabalho. Ao lidar com o desconhecido, com o desafio fora de casa, com responsabilidades, cobranças, horários, regras e expectativas (dessa vez dos outros sobre nós), começamos a nos abrir para os desafios.

Com o trabalho, as coisas não serão mais como antes. Você aprenderá que uma escolha implica deixar outra coisa de lado (a diversão vai ter que esperar); que o tempo e o dinheiro são finitos (seu mundo de consumo será diferente); e que seus problemas não são os maiores do mundo (longe disso!).

Finalmente, você entenderá que para crescer é preciso abrir mão de querer ser de uma determinada forma só para impressionar Fulano ou Cicrano; em vez disso, você deve almejar ser alguém capaz de fazer verdadeiramente a diferença.

VIVENDO E APRENDENDO

- Empregabilidade é mais importante que emprego (experiência é melhor que currículo escolar);
- Compromisso tem a ver com coragem, esforço e paixão.
- Quem planta "tanto faz" colhe "talvez". Quem planta "objetivo" colhe "resultado".

SEJA MAIS CARA DE PAU

EXPECTATIVA:
As relações comerciais são justas e o networking é algo natural da profissão.

REALIDADE:
Quem usa a criatividade e faz diferente, chama mais atenção.

Talvez você não se lembre dos vários momentos de sua infância em que simplesmente perguntava qualquer coisa e pedia o que queria, tudo com naturalidade, sem constrangimento e ao melhor estilo cara de pau. A filosofia infantil é simples e eficiente: uma vez que o "não" é serventia da casa, não custa nada tentar o "sim".

Ah, você se lembrou de algumas vezes em que foi mais cara de pau? Pois bem, pense no desfecho dessas situações e provavelmente um sorrisinho nostálgico invadirá seu rosto. Deu certo, mas também não deu em nada. Foi claramente mais vantajoso agir com cara de pau do que simplesmente ter desistido ao menor sinal de resistência. No capítulo anterior, usei um exemplo pessoal de cara de pau para conseguir um trabalho, e neste capítulo você conhecerá pessoas que foram além disso.

Eu sempre me pergunto: por que perdemos tantas boas características e habilidades das crianças depois que nos tornamos adultos? "Porque crescemos e não somos mais crianças" é uma resposta clichê que só serve para dar algum sentido à passagem do tempo, mas que não tem nada a ver com crescimento e amadurecimento de fato.

Além de usarem a criatividade para tudo, afinal de contas, ser criança é justamente ter que lidar com o fato de que pouco se conhece de tudo, os pequenos são persistentes e disciplinados no que desejam, traços que se perdem quando crescemos e aprendemos a invejar pessoas e a manipular situações.

A cara de pau é uma habilidade muito importante para conquistar o que se deseja, mas não deve ser confundida com ser chato e inconveniente. O cara de pau assume que pode procurar uma resposta para sua dúvida da forma mais direta possível, o que muitas

'Não existe momento perfeito! Precisamos parar de gastar tanto do nosso tempo tentando tomar as decisões certas e, em vez disso, começar a gastá-lo tomando decisões e tornando-as corretas.'

– RORY VADEN

vezes significa que ele vai direto à fonte, mas sem exceder os limites do bom senso, da privacidade e da educação.

Em tempos de redes sociais, especialmente as voltadas para o âmbito profissional (LinkedIn, por exemplo), os degraus exigidos para se conseguir uma resposta direta foram literalmente demolidos. Muitos especialistas e profissionais de destaque são os responsáveis diretos por suas contas nessas redes, recebendo e respondendo a pedidos de conexão, mensagens e *insights* como nunca. As empresas também estão muito mais próximas de seus colaboradores e consumidores, uma necessidade dos dias atuais.

Na prática, eu e você podemos fazer contato com praticamente qualquer profissional, aqui e mundo afora, bastando para isso um pouco da saudável cara de pau das crianças. Pense nas inúmeras situações em que você gostaria de ter acesso direto ou mais próximo a determinada pessoa, empresa ou processo. O primeiro passo é aceitar que o "não" você já tem, para então preparar sua estratégia e fazer contato — e isso não é nada novo, só está cada vez mais fácil.

Se você deseja trabalhar em uma determinada empresa e há um processo seletivo aberto, você pode conversar com quem já trabalha lá. Se leu um livro do qual gostou muito, pode procurar pelos perfis do autor e enviar seu elogio diretamente e interagir com ele. Se deseja muito uma oportunidade, mas não há uma porta aberta, pode pensar em diferenciais para enviar a sua mensagem e conseguir uma conversa ou café com um dos responsáveis.

Dois casos recentes mostram um pouco do que a cara de pau pode fazer quando associada à habilidade técnica e uma boa estratégia.

Em 2017, a brasileira Beatriz Carmona, então com 17 anos e apenas um ano de experiência de trabalho, decidiu se candidatar a uma vaga em uma empresa de marketing digital. Sua arma para chamar atenção? Viralizar seu currículo!

Beatriz imprimiu seu histórico profissional em um rótulo de garrafa de refrigerante, depois a deixou na recepção da empresa, endereçada ao diretor de RH. Repare que ela escolheu uma garrafa grande, para dar mais espaço para suas habilidades, mas também pensando no compartilhamento do refrigerante. Mais gente manipulando a garrafa dentro da empresa, mais chances de chamar atenção. Ah, e todo o processo foi devidamente documentado e compartilhado nas redes sociais.

Como dá para imaginar, o refrigerante foi parar na geladeira da empresa e não na mesa do diretor. Mas a viralização da hashtag #boasortebeatriz acabou virando assunto na empresa, e a equipe de lá marcou uma entrevista com a Beatriz. Ela desbancou mais de 300 concorrentes e ganhou a vaga de Menor Aprendiz. Ela levou poucas horas para imprimir o rótulo, mas trabalhou muito a viralização do projeto. No final, foi sua experiência e iniciativa que lhe deram a vaga, mas a ousadia cumpriu um papel fundamental.

Algo semelhante aconteceu com o designer curitibano Bily Mariano, que angariou uma chance de trabalhar na Netflix depois de ter criado, por conta própria, nove pôsteres, um para cada episódio da segunda temporada de *Stranger Things* — série que nos últimos anos tem sido uma das mais populares do *streaming*, além de ser um fenômeno de engajamento nas redes sociais.

Seus pôsteres foram criados como se fossem livros do famoso escritor de suspense Stephen King. Antes, Bily já tinha tido algumas de suas imagens compartilhadas no Twitter pelo criador da série *Black Mirror*, Charlie Brooker. O impacto de seu trabalho nas redes foi tão significativo que a Netflix o contratou para criar material oficial para a empresa.

Pense na cara de pau como a ousadia que pode diferenciá-lo dos demais, uma forma de chamar atenção, como fazíamos quando éramos crianças. Ao mesmo tempo, garanta que a impressão envolvendo seu trabalho e sua postura será positiva. O mais importante é fazer sempre o seu melhor e procurar maneiras de fazer com que isso seja percebido, mas pelas pessoas/empresas certas. A cara de pau funciona sempre que você tem algo de valor a oferecer.

VIVENDO E APRENDENDO

- Não adianta apenas trabalhar duro, mas também trabalhar de forma criativa e com propósito.

- Postura é a forma como você escolhe ver as coisas, e ela é tão importante quanto a sua experiência.

- Muitas vezes, não é uma questão de habilidade, mas de vontade.

10ª

TOME CAFÉ COM ESTRANHOS

EXPECTATIVA:
Conhecerei as pessoas certas, na hora certa.

REALIDADE:
Quem você conhece e quanto de valor você agrega são decisões conscientes.

Aprendi na prática a nunca subestimar o potencial de um simples encontro, de um cafezinho aparentemente despretensioso. Impossível falar de *networking*, relacionamentos poderosos e pessoas incríveis sem fazer uma "viagem" ao meu passado e analisar alguns pontos importantes de minha trajetória como empreendedor.

Pense numa coisa que é capaz de dar a você um poder tremendo de realização e que pode ser aplicado em diversas áreas da vida.

Essa é uma força que ninguém consegue ter por si só, e é algo relativamente simples: quando você se associa às pessoas certas, esse poder surge, beneficiando a todos os envolvidos.

Em algum momento da sua vida, você já deve ter se encontrado com um amigo para um bate-papo inesquecível. Falo daquele dia em que a conversa fluiu e vocês discutiram sobre áreas mais pessoais, indo de sonhos profissionais a projetos de vida.

Durante o papo, o amigo também compartilhou sua visão sobre muitos temas comuns, enriquecendo o seu conhecimento. Logo, você deu mais um passo, fazendo um ajuste na conversa e expondo mais algum ponto relevante, de forma que vocês foram lançando e cultivando ótimas ideias e muito aprendizado, discutindo e conversando por horas a fio.

Esse tipo de encontro já aconteceu com você? Comigo ele se repete várias vezes! Há entre os amigos uma piadinha sobre um tal "Café com Navarro", já que eu adoro tomar café no mesmo lugar em minha cidade natal, e sempre com pessoas diferentes, a maioria delas, desconhecidas.

Parece estranho? Nada disso! Foram desses momentos que eu extraí grandes ideias e projetos, que depois vieram a compor meu projeto maior, que posso chamar de propósito de vida.

A coisa toda é bem simples: uma ideia, ao ser trabalhada por duas ou mais pessoas que possuem um interesse similar, tem chances de passar por um processo de enriquecimento e se transformar em um acontecimento — que então pode se desdobrar em negócios e projetos concretos.

Todos os envolvidos ganham nesse ciclo, pois recebem *insights* que permitem à ideia evoluir para um nível mais elevado.

Agora imagine você realizando isso não por acaso, numa conversa de bar ou de fim de semana, mas em um ambiente definido e em um momento combinado. Ou seja, por interesse próprio e como parte essencial de sua agenda. Uma prioridade.

O poder desse tipo de encontro é espetacular! Como eu disse, há boas chances de você já ter experimentado isso, mas poucas chances de você fazer parte de uma iniciativa assim de forma sistemática e organizada. Para a maioria das pessoas, tomar um café é um sinônimo de descontração, uma banalidade. Muitas vezes, é isso mesmo, mas pode ser mais. Muito mais.

A boa notícia é que todos nós temos este poder à nossa disposição. Eu só consegui chegar aonde cheguei graças aos muitos cafezinhos que tomei, a maioria por convite meu, mas muitos deles simplesmente respondendo "sim" a pedidos variados e de pessoas que nunca tinha visto antes.

Convido você a observar as pessoas de sua rede de relacionamentos e verificar quais delas possuem ideias similares às suas. Assim que identificá-las, que tal convidá-las para um café? Entenda que tomar café com um estranho não significa sair por aí escolhendo pessoas a esmo, mas simplesmente se conectar de verdade com quem pode ser importante para os seus sonhos — e muitas destas pessoas podem ser estranhas, de que você apenas ouviu falar ou até mesmo aparentemente inacessíveis (você logo descobrirá que não são).

Ah, quando for conversar com alguém, converse de verdade, ouvindo atentamente, deixando de lado as distrações e ignorando completamente o famigerado smartphone. Mas e nas relações duradouras? Será o celular um vilão? Nem tanto; afinal, ele é uma ótima ferramenta para manter contato. Bem, mas essa discussão, que sempre vem à minha cabeça quando penso na importância dos relacionamentos, é conversa para um outro momento.

REENCONTRANDO UM VELHO AMIGO

Preparando o material para este trecho do livro, me lembrei imediatamente de uma situação que aconteceu comigo quando reencontrei um amigo que não via há muitos anos. Nossa convivência anterior sempre tinha sido ótima, e não faltariam bons momentos para serem recordados, mas...

Após alguns minutos de conversa, comecei a me incomodar. Quando ele falava, eu escutava atentamente, mas quando era a minha vez de falar, ele frequentemente perdia a conexão visual comigo, dividindo sua atenção com o celular.

Em alguns momentos, ele teclava e falava comigo ao mesmo tempo e, por vezes, me pedia para repetir o que eu tinha dito. Este tipo de situação já aconteceu com você? É bem desagradável, não é mesmo? Será que não fazemos o mesmo de vez em quando? Ao tomar café com um amigo ou com um estranho, lembre-se de que você quis estar ali e o momento é uma oportunidade, não um passatempo.

Em tempos de conectividade simples, fácil e rápida, a comunicação parece estar sendo prejudicada. Que coisa maluca, afinal de contas, não deveria ser o contrário? Fico pensando se seríamos capazes de passar um dia sem um smartphone. Um exagero? Parece loucura, né? Há vários desafios desse tipo rolando na internet, e é muito mais difícil do que você imagina (e sei o quanto você já pensa ser complicado).

"Não existe momento perfeito! Precisamos parar de gastar tanto do nosso tempo tentando tomar as decisões certas e, em vez disso, começar a gastá-lo tomando decisões e tornando-as corretas."

– RORY VADEN

GERANDO CONEXÕES ENRIQUECEDORAS

Pensando nisso, quero deixar algumas considerações importantes sobre conectividade verdadeira, relacionamentos como oportunidades para novos desafios, negócios e aprendizado.

1. Para se conectar com outra pessoa, você precisa ter iniciativa
Não espere que os outros façam contato com você; seja você a fazê-lo. Abra um sorriso, cumprimente a pessoa, inicie a conversa e apresente-se logo em seguida. Não se trata de algo espontâneo, mas de uma decisão. Portanto, apesar do possível desconforto gerado, vá em frente e faça diferente. Faça aquilo que a grande maioria nunca fará.

2. Após estabelecida a conexão, seja transparente
Se você é um conhecedor de si, não terá dificuldades em se expressar de forma racional e emocional. Considere sempre suas conexões como oportunidades de aprender algo novo para que você possa acrescentar valor às pessoas, a seu trabalho e vida pessoal.

3. Tenha paciência
Muitas vezes você terá que "diminuir a velocidade" para acompanhar o ritmo da outra pessoa. Lembre-se de que um dia você também não sabia o que sabe hoje, portanto seja paciente. Para estabelecer uma conexão eficaz, você precisa "ajustar" sua velocidade de tal forma que possa levar os outros com você. Isso será uma experiência incrível para a outra pessoa, que passará a te apreciar muito.

4. Faça a relação valer a pena
Quando estiver conectado com alguém, você terá que decidir se vai "tomar" ou "doar". Agora pense comigo: você gosta de estar com pessoas que estão sempre tentando tomar algo de você ou com

aquelas que estão dispostas a doar algo? A resposta é óbvia, mas nosso comportamento, não. Doar é sempre mais difícil, porque requer mais energia e tempo. No entanto, sempre rende os melhores resultados, principalmente no longo prazo.

Aqui, atente-se também para a importância da recorrência. Não existe nada pior que chamar alguém para uma conversa, aprender algo com a pessoa e então desaparecer. A sensação que vai prevalecer é a de que você conseguiu o que queria e então foi embora. A frequência dos encontros é importante, com uma sadia alternância entre quem doa mais e quem recebe. Não chame ninguém por interesse no que ele tem, mas por quem ele é — você precisa querer realmente cultivar tais contatos.

5. Atenção para sua energia

Com todo o empenho que os itens anteriores vão exigir, é provável que você fique exausto de manter esse grau de conexão com várias pessoas. Assim, cuide de duas coisas: a primeira é identificar situações que realmente consomem suas forças e evitar passar muito tempo nelas; a segunda é identificar coisas de que você gosta muito de fazer e dedicar mais tempo a elas. A somatória deverá manter você disposto o suficiente para seguir em frente.

Jamais perca uma chance de conhecer gente nova e de tomar um café. Você nunca sabe o quanto essas pessoas sabem, conhecem e estão dispostas a se doar a você e a seu projeto de vida. Outras tantas certamente parecerão perda de tempo, mas o resultado de se conectar com cada vez mais pessoas sempre será positivo. Experimente!

No meu caso, surgiram novos sócios, novos negócios e colaboradores excelentes, que dificilmente eu conseguiria através de um processo tradicional de seleção/entrevistas.

VIVENDO E APRENDENDO

- Muitas vezes, não será mais importante o que você conhece, mas quem você conhece.

- As empresas são feitas de pessoas; as pessoas confiam em pessoas; e pessoas alcançam resultados. Pessoas, sempre elas.

- A quantidade de amigos e contatos nas redes sociais não é sinônimo de networking de qualidade.

11

PAGUE SUAS CONTAS SEMPRE EM DIA

EXPECTATIVA:
Dinheiro não é tudo e nem é tão importante.

REALIDADE:
Dinheiro é um dos principais instrumentos de liberdade e realização de sonhos.

É difundida entre muitos brasileiros, especialmente entre os mais jovens, a tese de que só é possível construir patrimônio através da compra parcelada e via crédito (empréstimos, financiamentos etc.). O raciocínio é tão simples que chega a assustar: eles acreditam que pagar pouco por mês, as famosas parcelas que "cabem no bolso", não atrapalha o fluxo de caixa e permite o usufruto do bem.

Em se tratando de interesses maiores, como, por exemplo, atingir a independência financeira, garantir geração de renda passiva e construir um futuro melhor e mais tranquilo, a lógica do "leve agora e vá pagando" contribui de forma negativa, já que insere no cotidiano financeiro mais gastos e compromissos.

Você já deve ter ouvido a máxima das finanças pessoais, que diz que "existem aqueles que recebem juros e aqueles que pagam juros". Na prática, essa frase retrata a importância de colocarmos nosso dinheiro para trabalhar pelos nossos objetivos, investindo-o e aproveitando o tempo para multiplicá-lo. É a "mágica" dos juros compostos.

Quem opta por comprar tudo agora, sem contar com a própria capacidade de esperar e poupar, apoia-se em dívidas caras — lembre-se de que temos os juros mais altos do mundo. A sensação de bem-estar imediato causada pelo consumo cria barreiras complicadas para a importância de aprendermos a fazer algumas contas matemáticas simples.

Funciona assim: você pode poupar mensalmente o valor equivalente à parcela que pagaria no financiamento do carro e comprá-lo à vista daqui a três anos. Ou pode optar pelo financiamento em sessenta meses e sair com o carro agora. A diferença no valor pago pelo bem será gritante e terá saído de seu bolso.

Ou assim: você pode planejar sua viagem de férias com antecedência de um ano ou mais, economizando e guardando dinheiro para as passagens, gastos esporádicos e compra de moeda estrangeira, ou simplesmente pode aceitar o pacote oferecido pela agência de turismo e usar o cartão de crédito para suas compras e gastos durante a viagem. Ao optar pelo puro *carpe diem*, muitos acabam entrando no crédito rotativo e a viagem rapidamente muda de sonho para pesadelo.

Aquele seu amigo administrador pode dizer que o endividamento não é tão ruim assim. Cuidado com a interpretação. No ambiente empresarial, a realidade é outra: o crédito serve para investir na capacidade de produção das empresas, o que aumentará o faturamento e, consequentemente, o lucro. Isso se chama alavancagem — você não está consumindo e sim investindo no aumento da produção, mas não é algo que se possa fazer tão facilmente na sua vida pessoal.

Diante disso, o melhor mesmo é pagar as contas em dia, ter um orçamento doméstico bem feito e atualizado, aprender a lidar com os limites de seu padrão de vida e arcar com as consequências de suas escolhas de consumo.

Atente, no entanto para o fato de que não há certo ou errado aqui. O que existe são resultados diferentes de acordo com as decisões que tomamos. Independência financeira é uma escolha que não combina com aumento de gastos, mas com geração de receita, padrão de vida compatível e investimentos.

À medida que os dias avançam, mais e mais boletos, cobranças e carnês surgem em meio às correspondências. Todo mês é a mesma coisa. As contas insistem em chegar, independentemente de nosso desejo ou planejamento financeiro. Se podemos pagá-las, quem se importa, a data de vencimento está lá impressa e pulsa diante de nossos olhos. O que fazer senão observar o ciclo se repetir todo mês?

FLUXO DE CAIXA

A resposta para lidar melhor com as despesas recorrentes, aquelas que sabemos que irão se repetir, passa pela familiarização com o conceito de fluxo de caixa. É simples: com base em um histórico de receitas e despesas, você é capaz de projetar seu orçamento para os meses seguintes, o que lhe confere visibilidade em relação aos recursos disponíveis (limites de gasto, datas interessantes do mês para comprar etc.).

Eu disse *histórico*; portanto, é crucial que você registre seus ganhos/gastos em algum tipo de caderno ou planilha. Por que não um software ou app específico, construído para esse fim? São muitas as alternativas disponíveis hoje. A questão aqui é: com as anotações feitas e as contas recorrentes devidamente registradas, é fácil projetar o futuro e se prevenir do aperto.

Se você mantém um controle financeiro em planilha, experimente analisar os valores de receitas e despesas fixas nos últimos meses e passe a preencher, usando um valor médio do passado, os campos correspondentes a essas categorias no espaço dos próximos meses.

Se preferir, depois de preencher o futuro das despesas e receitas fixas, passe mais tempo debatendo o orçamento e detalhe melhor o que vem a seguir. Por exemplo, você já sabe que em dezembro será preciso presentear membros da família, então por que não estabelecer um limite de gastos para os presentes e já lançar isso na sua categoria correspondente? Não interessa em que mês do ano esteja lendo este livro, você está se antecipando e criando uma forma de se manter fora da bolha.

Por que fluxo de caixa? Pode ser que, depois de lançar receitas e despesas projetadas para o mês seguinte, sua planilha acuse saldo insuficiente no final do mês. Sinal amarelo. Você terá que rever a previsão de gastos ou tentar dar um jeito de aumentar as receitas. Você está sendo proativo, olhando para a frente, tem tempo e pode mudar a situação que se avizinha. Sinal amarelo, não vermelho.

Sempre que puder, substitua 'vou pensar a esse respeito' por 'vou tomar uma decisão a esse respeito'. Comprometa-se a decidir e a fazer.

– JASON FRIED

ORGANIZAÇÃO COMBINA COM COMODIDADE

Muitas pessoas optam por manter certas contas no débito automático. Apenas conferir a fatura e esperar que o valor seja debitado diretamente da conta corrente é um luxo merecido para quem mantém o orçamento familiar atualizado.

O mesmo ocorre com o agendamento de pagamentos. Como eu, um bom número de brasileiros gosta de conferir e se sentir responsável pelo pagamento dos boletos e despesas. Ao receber uma conta, a confiro em detalhes e então acesso o internet banking para agendar o pagamento. Depois de confirmado o agendamento, abro meu controle e verifico a projeção de gasto já lançada para aquela categoria. Atualizo o valor e todo o fluxo de recursos da planilha é automaticamente recalculado. Parece mágica.

Débito automático e agendamento de contas podem ser excelentes artifícios para pagar as contas sempre em dia. Porém, sem observar o fluxo de caixa e sem manter o material atualizado, tal facilidade pode destruir as finanças.

Portanto, associar um fluxo de caixa planejado ao uso do débito automático ou agendamento de pagamentos garante que os limites do orçamento sejam visíveis, palpáveis. Fica fácil identificar se houve exagero nos gastos ou se há alguma categoria do orçamento que está destoando do padrão de vida levado pela família. Além do que, isso força sua atenção para sempre atualizar os valores e estar no controle.

O interessante é que qualquer empresa que se preze tem um controle semelhante, faz projeções e sustenta um fluxo de caixa minimamente atualizado. Do contrário, sobreviver seria muito difícil. Por que seria diferente na vida pessoal? Se você não sabe quanto ganha nem quanto gasta, que tipo de sonho pretende conquistar? Se não se esforça para economizar e investir, por que acredita que merece chegar mais longe de onde se encontra hoje?

Ao contrário do que costuma pregar a maioria que pouco se lixa para o dinheiro, controlá-lo não significa ser "pão-duro" ou escravo. O devedor é muito mais escravo do dinheiro do que pensa, e disfarça no consumo sua forma zumbi de viver. Não: manter em dia seu fluxo de caixa significa conquistar as merecidas metas familiares, além de viver livre dentro do padrão de vida possível. O resto é hipocrisia.

Você não precisa de cada vez mais dinheiro e oportunidades, não da forma que talvez sempre tenha pensado (estudo, promoção, salário etc.), mas de disciplina para seguir o plano que você traçar.

VIVENDO E APRENDENDO

- Disciplina tem como objetivo nos ensinar a fazer o que não é natural.
- Atitudes arriscadas envolvendo dinheiro inibem e distorcem nossa percepção da realidade.
- Problemas financeiros procrastinados são apenas amplificados, e nós é que pagamos o preço.

12

ADMINISTRE BEM SEU EGO

EXPECTATIVA:
Quando eu ficar famoso, ficarei muito rico.

REALIDADE:
A virtude está em fazer, não em dizer que sabe fazer e na popularidade artificial que isso pode trazer.

Ego. Eu tenho, você tem, todo mundo tem. O que é e por que precisamos tanto refletir sobre esse assunto?

Esqueça as definições complexas e leituras difíceis e vamos pensar em ego como aquele pedacinho (em algumas pessoas, ele é enorme) de nós que está sempre se vangloriando do que sabe, dizendo por aí que é especial e que não erra. Aquele espaço blindado dentro de nós mesmos, uma versão incrível e infalível do que vemos no espelho.

Pois é, eu sei que você sabe o que é ego e consegue se lembrar direitinho das (muitas) vezes em que tomou decisões pensando só nele.

Agora precisamos falar desses momentos com sinceridade, além de misturá-los com um ingrediente fundamental para a vida fora da bolha, a realidade como ela é, e outro aspecto sem volta da vida contemporânea, a popularização das redes sociais.

Você sabe o que é sofomania? Basicamente, é o hábito de querer se passar por sábio. É o mesmo que afetação, confiança exagerada e extravagante na própria sabedoria.

O que isso tem a ver com o ego? Simples: em tempos de redes sociais e suas facilidades para dar voz a todo tipo de comentário, um simples celular associado a uma conta no Twitter ou Facebook proporciona o paraíso para os sofomaníacos, que passam dia e noite "massageando" o próprio ego enquanto tentam parecer sábios diante de todo tipo de assunto.

Vivemos um período excelente para aprender e compartilhar conhecimento, mas esse cenário também favorece o aumento das expectativas em relação às pessoas, o que gera uma demanda exponencial por soluções milagrosas, fantásticas e atalhos para a riqueza, para o sucesso e por aí vai.

Repare na quantidade de gurus autoproclamados e na profusão de "cursos" e "treinamentos" de transformação pessoal e emocional. Tudo porque somos cada vez mais provocados a sinalizar virtudes e boas práticas para chamar atenção, ganhar "likes" e, quem sabe, nos transformarmos nos próximos influenciadores digitais.

Conversando com alguns jovens depois de um painel sobre empreendedorismo, falamos sobre como é curiosa a realidade atual no que diz respeito ao conteúdo das redes sociais. Todos querem mostrar o que fazem da vida, desde o momento em que acordam até a hora de dormir. Curiosamente, tem mais gente querendo mostrar o que faz da vida do que pessoas dispostas a saber o que os outros estão fazendo.

Você há de concordar que as grandes celebridades são os principais "motores" dessa transformação. Hoje, um artista famoso, um jogador de futebol, uma cantora e até mesmo um youtuber consagrado podem mostrar detalhes de seu dia a dia, em tempo real, como nunca antes.

A diferença, no entanto, é que, ao fazer isso, eles aumentam sua influência sobre nós, o que é parte de uma estratégia comercial. De quebra, eles também ficam mais famosos (o que não deixa de ser legal para o ego).

A "pegadinha" aqui é sutil, mas ao mesmo tempo óbvia: eles ganham mais dinheiro e fama com a influência cada vez maior, mas porque exercem uma profissão em que são excepcionais e diferenciados, fora da curva.

Explicando de outra maneira, eles não são bons no que fazem porque são famosos e populares na internet, mas porque são dedicados e perseverantes na carreira que escolheram. O resto é estratégia para valorizar cada vez mais seus passes, seus shows e cachês.

Ora, não adianta tentar fazer barulho só por fazer barulho, colecionar curtidas como se fossem fazer diferença na sua história pessoal e profissional, simplesmente porque parece funcionar para os mais famosos. De nada adianta apenas alimentar o ego, sem prestar atenção aos desafios pessoais e profissionais inerentes às suas escolhas.

Eu sei que pode parecer um comentário duro, mas você não é tão especial quanto parece e nem tão diferente assim dos outros. Assimilar essa ideia é libertador, uma vez que afasta o ego como prioridade, o que por si só é sinônimo de abrir os olhos para a importância de fazer escolhas melhores e aceitar as consequências delas.

A vida depois de estourar sua bolha pressupõe compreender melhor que não se trata de quão famoso você é nas redes sociais ou do tamanho de seu ego diante de sua comunidade, mas do valor que você entrega como ser humano, pai, mãe, amigo, profissional e agente de transformação.

Não faz sentido escolher o ego em detrimento do legado quando se trata de viver uma vida significativa, e espero que você já tenha feito essa escolha a esta altura do nosso convívio neste livro.

O que quero que você entenda quando peço que administre bem seu ego é que você não impressiona os outros ou é percebido por eles de acordo com o seu ego (e o que faz dele), mas como reflexo daquilo que você é na prática, do que faz na vida real.

Em outras palavras, quando sua versão para si mesmo for contada de uma forma diferente da percepção real que os outros têm de você, atenção.

Tudo bem que pode ser um caso de interpretação por parte de uma ou outra pessoa, mas há grandes chances de que você esteja mais preocupado em impor sua versão do que lidar com os fatos acerca de suas escolhas — e isso é o equivalente a fechar-se de volta na bolha.

Considere a máxima de Nassim Taleb, presente em seu excelente livro *Arriscando a própria pele*, sobre a importância de se expor, mas sem se vangloriar:

> O ego é o ditador imediato da consciência humana.

– MAX PLANCK

Nada de músculos sem força,
amizade sem confiança,
opinião sem consequência,
mudança sem estética,
idade sem valores,
vida sem esforço,
água sem sede,
comida sem nutrição,
amor sem sacrifício,
poder sem justiça,
fatos sem rigor,
estatística sem lógica,
matemática sem prova,
ensino sem experiência,
polidez sem afeto,
valores sem corporeidade,
diplomas sem erudição,
militarismo sem moral,
progresso sem civilização,
amizade sem investimento,
virtude sem risco,
probabilidade sem ergodicidade,
riqueza sem exposição,
complicação sem profundidade,
fluência sem conteúdo,
decisão sem assimetria,
ciência sem ceticismo,
religião sem tolerância,
e, acima de tudo: nada sem arriscar a própria pele.

Encare as palavras acima como uma sugestão para fomentar sua própria capacidade de lidar bem com a vida real e seu verdadeiro peso — críticas, frustrações e reviravoltas. Procure refletir sobre alguns aspectos:

- Aplausos são para momentos raros. É bom não se acostumar a viver constantemente sob elogios, pois pode distorcer sua interpretação das próprias habilidades e da necessidade de lapidá-las. Não confunda isso com a importância de autoestima e automotivação; o problema não é o que você pensa sobre si, mas achar que todos precisam sempre concordar com você;
- Pense mais, fale menos. O exercício de controlar o ego passa por dedicar mais tempo para o amadurecimento, o que pressupõe pensar mais e melhor antes de falar ou dar uma opinião. Pode ser que o silêncio seja a melhor resposta, inclusive. Não confunda isso com deixar de falar; a questão aqui é realmente aprender a pensar com mais profundidade, compaixão e, principalmente, paciência;
- Não leve tudo para o lado pessoal. As pessoas estão cada vez mais se deixando afetar por coisas sem importância, principalmente quando estão nas redes sociais. O mundo não está preocupado apenas com você, portanto leve as coisas de uma forma mais leve. Não confunda isso com deixar de se envolver quando for necessário; o problema é querer brigar ou se estressar diante de toda e qualquer indireta ou mensagem diferente.

O recado deste capítulo é bastante simples: ao estourar a bolha, você será cada vez mais confrontado com a realidade sobre você. Na prática, isso significa que quanto mais autêntico e sincero você for consigo mesmo, melhor.

A tentação de se esconder atrás de um monitor/celular será cada vez maior, mas preste atenção sempre nisto e lembre-se: alimentar o ego é o mesmo que voltar para a bolha, viver uma vida que não existe.

VIVENDO E APRENDENDO

- Você não é o seu ego e nem o que você diz. Você é o que você faz.

- Nenhum curso de três dias ou guru transformará sua vida, mas eles podem ensiná-lo a preencher o seu ego.

- Não se mede a competência e o sucesso de ninguém pelo número de curtidas — há uma história maior e mais complexa antes disso.

13

COMPRE MAIS LIVROS DO QUE VOCÊ CONSEGUE LER

EXPECTATIVA:
Preciso aprender o máximo sobre pouca coisa e ficar bom nisso.

REALIDADE:
Quanto mais você ler e aprender, mais vai aceitar como sabe pouco — e vai querer aprender mais.

As pessoas próximas sabem que tenho um grande orgulho de ser um leitor ávido. Na família, já me classificam como bibliômano (tomando como um elogio, uma espécie de colecionador de livros). Não posso entrar em uma livraria ou sebo, sempre saio com uma sacola (pesada).

Nem sempre foi assim, confesso que demorei para desenvolver o gosto pela leitura. O que aconteceu? Eu sempre compro muito mais livros do que serei capaz de ler, e já fazia isso quando ainda não era um leitor tão voraz.

Um belo dia, com mais de 500 livros ao meu redor, pensei: *Preciso começar a ler essas obras*. E foi o que eu fiz. Nunca mais parei. Já são mais de 2 mil, mas se eu li 700, li bastante.

Felizmente, encontrei ao longo da minha carreira acadêmica e profissional pessoas que me incentivaram a ler sempre mais. Percebi que a leitura poderia ser mais do que eu esperava e, aos poucos, as longas horas sentado na minha poltrona de estimação se transformaram em um hábito, um momento único, mas constante em minha jornada.

LER AUMENTA O SEU VOCABULÁRIO

Você aprende palavras novas, sinônimos e expressões diferentes. Enriquecer sua forma de se comunicar, seja falando ou escrevendo, é um efeito exponencial incrível oferecido pela leitura frequente. Além disso, interpretar o que você lê fica cada vez mais fácil e prazeroso. Ademais, expressando-se melhor, de forma mais clara, objetiva e assertiva, aos poucos, você transforma o vocabulário em opinião, além de construir narrativas de melhor qualidade.

Apresentar os resultados de um trabalho se torna uma tarefa mais simples e fácil; preparar uma bela proposta ou escrever um e-mail decente para clientes passa a ser apenas mais uma atividade cotidiana. Transmitir o que você pensa sobre determinado assunto será algo que lhe dará orgulho.

LER ESTIMULA A CRIATIVIDADE

Ao conhecer diferentes histórias e pontos de vista, você terá mais argumentos e fundamentos para criar suas próprias opiniões com autenticidade, cuidado e estilo. Cada leitura mexe com a nossa cabeça de uma forma diferente.

Ler desperta sua curiosidade, ao mesmo tempo que aguça (e explora) sua imaginação. Você coloca outras partes de seu cérebro para funcionar. Eu costumo dizer que a leitura é a viagem mais enriquecedora e barata possível.

Você está no conforto de sua casa ou escritório, mas pode participar de guerras, visitar lugares fantásticos, passear por paisagens paradisíacas, conhecer pessoas incríveis e aprender desde simples palavras novas até conceitos e métodos que podem mudar sua vida.

LER PERMITE QUE VOCÊ APRENDA COM OS ERROS E CAMINHOS DOS OUTROS

As biografias são excelentes maneiras de observar comportamentos, atitudes e suas consequências.

Conhecer de perto a vida de pessoas que admiramos, considerando os detalhes nem sempre bonitos, os fracassos e as atitudes condenáveis, oferece uma visão mais humana e real da vida, do mundo fora da bolha que tanto desejamos enfrentar e vencer.

LER AUMENTA O SEU PODER DE PERSUASÃO

Argumentos, fatos, opiniões: quanto mais você absorve os temas que estuda, melhor se prepara para apresentações em público, conversas informais e/ou encontros profissionais.

Além disso, estar antenado nos temas relevantes do momento, lendo diferentes fontes de conteúdo, é essencial para formar seus próprios conceitos acerca dos rumos da política, da economia e da sociedade — e a capacidade de argumentar e defender seu ponto de vista é muito valorizada como habilidade pessoal e profissional.

LER DIMINUI A ANSIEDADE, ACALMA OS ÂNIMOS E DESPERTA PRAZER

O ato de ler estimula positivamente nosso sistema nervoso e nossa capacidade cognitiva, uma relação que é inclusive alvo de estudo por parte de muitos especialistas.

Crianças e adultos que não desenvolvem bem sua capacidade de ler e escrever têm sérios problemas em outras atividades aparentemente não relacionadas com as palavras. Não há cidadania plena sem saber ler e escrever, e este é um desafio muito presente em nosso país. Quem lê deve valorizar tal capacidade e seus efeitos.

LER AUMENTA SUA PROPENSÃO A SER DISCIPLINADO EM OUTRAS ÁREAS DE SUA VIDA

Começar e terminar um livro requer foco, atenção e compromisso, habilidades e características que fazem diferença em todas as áreas da sua vida.

Pode parecer uma observação simplista ou até mesmo boba, mas é cada vez menor o número de pessoas, especialmente jovens,

"A leitura de um bom livro é um diálogo incessante: o livro fala e a alma responde."

– ANDRÉ MAUROIS

que consegue começar e terminar um livro com a mesma disposição e energia.

Todo mundo começa a ler um livro, isso é fácil. Atenção ao que se lê e disciplina para terminá-lo farão diferença na fixação do conteúdo, mas também no que mais você quiser fazer. A disciplina é uma habilidade treinada, e a leitura é uma ótima opção para isso.

Ler faz você ser mais crítico, cuidadoso e atento aos acontecimentos de seu entorno. Você aprende a escolher melhor suas amizades, a lidar com seu dinheiro, a interpretar desdobramentos políticos e econômicos do país.

Você sempre cresce intelectual e emocionalmente quando lê, mesmo que, em algum momento, o que esteja lendo soe vago, difícil ou não relacionado ao seu mundo.

Certas leituras mais difíceis, incluindo-se aí as leituras técnicas, são também fundamentais para exercitar o hábito de fazer um diário, um material complementar relacionado ao conteúdo.

Sublinhar trechos do livro, ler o texto de referência na íntegra, pesquisar na internet — vale tudo para entender o que você está lendo, e isso faz uma diferença tremenda na sua vida, como é fácil supor.

A essa altura, você já deve estar convencido de que ler não tem nenhum efeito colateral negativo. Ou você aprende uma palavra nova, ou fica mais calmo, ou conhece uma história diferente, ou desperta a imaginação, ou passa a saber de algo que não sabia sobre qualquer coisa. Ler não machuca, não dói e não incomoda ninguém.

Faça a experiência de comprar cada vez mais livros, dê especial atenção a eles na decoração de sua casa e valorize as pessoas que fazem deste hobby uma prioridade.

Frequente mais livrarias, dê valor aos livros impressos (o prazer de folheá-los é único) e passeie de vez em quando pelos sebos da sua cidade. Compre sempre mais livros do que você pode ler e logo você será impelido a começar a lê-los.

VIVENDO E APRENDENDO

- Um livro é sempre melhor que sua melhor adaptação para o cinema ou TV.
- A leitura é o único vício que vale a pena perseguir e do qual vale a pena se orgulhar.
- Presentear as pessoas com livros pode parecer estranho, mas só até você começar a ler mais.

14

PRATIQUE UM ESPORTE QUE VOCÊ NÃO CONHECE

EXPECTATIVA:
Logo vou voltar a praticar o esporte de que tanto gostava quando era mais jovem.

REALIDADE:
Os sinais de problemas só serão urgentes quando a situação da saúde for grave demais ou for tarde demais.

Era terça-feira, 6h da manhã, eu tinha 24 anos e minha carreira parecia pronta para decolar como um foguete rumo ao espaço.

No entanto, ao abrir os olhos naquele instante, em vez de enxergar o céu repleto de estrelas e planetas, tudo que consegui ver foram luzes borradas cruzando minha vista em alta velocidade, e muita gente assustada olhando para mim.

Eu estava em uma maca, sendo levado para a ambulância, que então me levaria ao pronto-socorro do hospital mais próximo.

Sacolejando a bordo, provavelmente por conta das manobras do motorista para chegar o mais rápido possível, e com o ensurdecedor, mas inesquecível som da sirene, a todo instante perguntavam meu nome, pediam que eu não fechasse os olhos e diziam que tudo ficaria bem.

Nada daquilo fazia sentido. Eu estava prestes a sair para o aeroporto e, de repente, a última coisa de que me lembrava era de ter ido urinar. Eu desmaiei, com as calças arriadas, dentro do banheiro da empresa em que trabalhava.

Eu estava trabalhando demais desde que havia começado aquele emprego, com jornadas mínimas de quinze horas e muitas viagens de avião. Dormia pouco e mal e comia de forma irregular e totalmente desleixada.

Desde o futebol da escola, não praticava nenhuma atividade física, tampouco frequentava academia. Fui derrubado pelo sedentarismo associado a um estilo de vida de estresse desmedido. Com 24 anos.

Os exames mostraram cortisol em níveis altíssimos, colesterol longe do ideal, pressão elevada e muito mais. Estava tudo errado.

De uma carreira em ascensão para o divã do psiquiatra, passando por inúmeros médicos (e seus exames), tudo muito rápido e com tudo o que esse choque de realidade trouxe a reboque.

Se você já teve um colapso de saúde, sabe como lidar com isso é complicado e delicado. Se você ainda não teve, ótimo. Quem sabe meus erros e descobertas nesse sentido possam ajudar a manter as coisas assim ou, quem sabe, elevar a sua qualidade de vida fora da bolha a um novo patamar — sim, fora da bolha, porque isso só vai acontecer se você quiser.

Duas pessoas foram fundamentais na fase que sucedeu toda essa bagunça: um colega de trabalho triatleta e meu cunhado. Ambos foram e continuam sendo exemplos de equilíbrio e realização pessoal através do esporte. Através deles, conheci a corrida de rua, que naquela época começava a ganhar impulso, mas ainda não era tão popular como hoje.

De cara, fiz uma loucura: inscrevi-me em uma prova de dez quilômetros, dali a um mês. Eu nunca tinha corrido um quilômetro direto, se me lembro bem, mas as provas mais comuns eram as de 10K. "Você precisa treinar", ouvi meu amigo triatleta dizer. "Mas não é só colocar um tênis e correr, caminhar, correr, algo assim?", perguntei. Sim e não.

Treinar é se preparar adequadamente para a prova, o que significa fortalecimento muscular, treino de distância, força e recuperação, como aprendi durante os mais de treze anos como corredor amador.

Não foi o que aconteceu na primeira prova, a que compareci, quase sem ter corrido e ainda com um tênis inadequado (de pisada pronada, mas o certo para mim seria de pisada neutra). Terminei depois de 1h10min, com bolhas gigantes nos dois pés.

Ver tanta gente correndo, o clima da prova, receber uma medalha no final, a sensação foi inesquecível e até hoje me faz sorrir sozinho quando relembro daquele dia.

Lembre-se de que eu nunca fui um jovem envolvido em mais do que o time de futebol de salão da escola onde estudava, e treinar naqueles tempos era pura diversão.

Pois bem, adivinhe o que aconteceu? Aquilo que acontece com todo mundo que começa a praticar um esporte diferente, novo e que muda completamente nossas respostas físicas, psicológicas e emocionais.

Eu não era um corredor para valer, mas me sentia como um atleta — e isso é o mais importante para aprender a gostar de treinar.

Eu disse aprender a gostar de treinar? Ah, pois é. Aqui chegamos ao ponto crucial deste capítulo: viver fora da bolha requer que tenhamos apreço por atividades que a maioria das pessoas não quer levar a sério.

Treinar, alimentar-se bem, respeitar suas horas de sono (tudo bem trabalhar até tarde de vez em quando, como já vimos) e transformar tudo isso em uma rotina são escolhas, não habilidades inatas ou fruto de talento.

Sempre que ouço algo como "Fulano tem o dom para organizar as coisas" ou "Ela é superorganizada, nasceu para cuidar das finanças da casa", eu me lembro da minha época sedentária e absolutamente sem rotina, sem treino.

Desde então, meu posicionamento em situações assim é outro: organização e disciplina são consequências de treino. Ah, para que o treino seja feito sem mimimi você precisa elevá-lo ao nível de grande prioridade, ao lado da família, do dinheiro e do trabalho.

A corrida salvou minha vida. Tudo o que aconteceu depois, tanto no aspecto pessoal quanto profissional, sofreu enorme influência da capacidade de treinar e aperfeiçoar minha corrida.

Eu queria correr distâncias diferentes, maiores, ser mais consistente, mais rápido, me divertir mais durante uma prova (o que significa não a terminar machucado), exatamente como acontece com objetivos de diferentes áreas.

Tudo o que fui capaz de aperfeiçoar, conquistar e reter tem um impacto gigantesco da corrida, do esporte diferente praticado com disciplina.

A transformação é ao mesmo tempo sutil e incrível, na medida em que nos coloca diante da verdade em relação ao nosso poder de

> Não deixe o que você não pode fazer interferir no que você pode fazer.
>
> – JOHN WOODEN

realização: a consequência de treinar bastante é conseguir praticar bem o esporte escolhido. E assim é a vida.

Não pense que vou defender aqui algo como "você pode fazer qualquer coisa que quiser, basta treinar". Eu não seria capaz de competir para vencer uma corrida sem treinar adequadamente e fazer disso meu projeto de vida. Sabe-se lá se seria capaz, mesmo treinando como um atleta profissional.

Não é esse o foco. Não é tão simples e é perigoso interpretar dessa forma. O que eu proponho é que você experimente praticar um esporte diferente, que provoque em você sensações diferentes, mas que seja capaz de mexer com sua saúde de forma positiva e duradoura.

Os efeitos da corrida em minha vida são evidentes e irrefutáveis, e é possível que estudos mais amplos considerando outras pessoas já tenham mostrado um pouco desses resultados. O que eu percebo claramente:

- O humor melhora muito;
- Dormir fica mais fácil e mais prazeroso;
- Funciona como uma terapia contra o estresse;
- O poder de concentração se eleva;
- As medidas, o peso e os índices relativos à saúde ajustam-se com mais facilidade;
- A disposição aumenta;
- Definir metas e cumpri-las fica mais fácil (funciona como a planilha da corrida);
- Dá para comer um pouquinho mais sem culpa;
- Cada corrida, cada treino, é sinônimo de novos amigos.

Estou certo de que ninguém ousaria duvidar dos efeitos positivos da prática de exercícios físicos hoje em dia. Você e eu sabemos que o estilo de vida tem relação direta com nossa longevidade e, principalmente, felicidade.

No entanto, também sei que você deixa de se exercitar muitas vezes porque cumpre outras prioridades e lida com uma demanda urgente de temas diversos. Isso sem contar que pode existir certa vergonha ou mesmo culpa diante do que ficará para depois se você decidir partir para a rua ou academia.

Se você está coçando a cabeça agora, refletindo sobre tudo isso, ótimo! Eu sei o que é não ligar para exercícios; mais do que isso, sei como é pensar que "a qualquer momento podemos começar a fazer alguma coisa". Porém, a verdade é que essa é uma desculpa esfarrapada.

Se suar, ter que tomar banho depois, trocar de roupa etc. parecem muito trabalho diante de sua rotina, pense que praticar uma atividade vai oferecer a você uma das chaves para mais prosperidade. Esta chave se chama "treino". Vale a pena. Faz sentido!

VIVENDO E APRENDENDO

- Começar um novo esporte é mais motivador (e desafiador) do que insistir no que você já praticou (você vai sempre se comparar).
- Como não atleta, sua vida não depende de treinar, então não espere amar o treino. Tenha foco em aprender a treinar pela disciplina.
- Quando ouvir a sirene de uma ambulância, leve a sério e agradeça por estar do lado de fora. Lá dentro é assustador.

15

GUARDE R$ 50 TODO MÊS

EXPECTATIVA:
Quando eu tiver um bom salário, passarei a guardar dinheiro.

REALIDADE:
Ou você junta agora (e sempre) ou guardar dinheiro nunca se tornará um hábito.

Sempre que participo de alguma conversa sobre independência financeira, surgem algumas opiniões fortes sobre planejamento financeiro e, principalmente, investimentos. Palavras como "disciplina", "risco", "estratégia" e "melhor investimento" são tão frequentes quanto a pergunta crucial "Como ficar rico?".

À medida que a conversa se desenrola, a tendência é focarmos as avaliações em torno das alternativas financeiras que podem rentabilizar nosso patrimônio. Bolsa de valores, Tesouro Direto, poupança, fundos de investimento especializados: onde colocar nosso tão suado dinheiro?

Permita-me provocá-lo. Dinheiro? Que dinheiro? Quanto você tem ou pretende investir? Por quanto tempo? Acontece que a maioria das pessoas sabe que investir é importante, mas gasta tudo o que ganha e acaba sempre adiando essa importante tarefa.

Queremos saber onde investir, mas temos condições reais de fazê-lo? De que adianta saber qual é o melhor investimento se você não tem capacidade de adiar o consumo e guardar dinheiro? Prepare-se para a verdade nua e crua: poupar é mais importante do que escolher o "melhor investimento"!

O senso comum em se tratando de investimentos costuma apontar a necessidade de muito dinheiro, bem como a escolha das melhores aplicações (aquelas com maior rentabilidade no momento da aplicação) para conseguir investir com perspectivas elevadas de retorno.

No dia a dia, isso se traduz em cidadãos inseguros ao investir, principalmente porque pensam que com pouco dinheiro todo mês não conseguirão ter retornos interessantes. Além disso, o desconhecimento financeiro também contribui para que mantenham-se paralisados, afinal, como escolher o melhor investimento sem saber quase nada sobre o assunto?

Acontece que toda essa forma de pensar está profundamente errada e não se sustenta quando observamos a vida real de investimentos feitos ao longo da vida. Como você poupa seu dinheiro, considerando a frequência (todo mês) e a disciplina (para sempre) é muito mais importante do que quanto você poupa e em que produto você aplica.

Um estudo realizado pelo Putnam Institute, um órgão ligado a instituições financeiras nos EUA, intitulado "Defined Contribution Plans: Missing the Forest for the Trees" [Plano de contribuição definida: quando as árvores não deixam ver a floresta], analisou o impacto no crescimento do patrimônio a partir de decisões como escolha de fundos, balanceamento de carteira, alocação de ativos e aportes frequentes maiores (maior capacidade de poupar).

O alvo do estudo foi um cidadão hipotético, vamos chamá-lo de Bob, que passou a aplicar seu dinheiro através de um plano de contribuição iniciado em 1982, quando tinha 25 anos. Para efeitos de análise, vamos considerar algumas referências para ilustrar e criar um exemplo didático. Suponha que desde que começou as aplicações, Bob recebeu aumentos de salário de 3% anuais (dissídio médio).

Nos planos corporativos que envolvem benefícios para o futuro (previdência privada, por exemplo), é comum que a empresa ofereça uma contraparte financeira para o funcionário, que pode também contribuir com parte do seu salário. Funciona assim: a empresa estabelece um teto percentual em relação ao salário do colaborador que ela pode aplicar, desde que o funcionário também o faça. Na prática, o profissional pode separar parte do que ganha para investir no ato do recebimento do salário e a empresa também colocará outra parte nesse investimento.

No exemplo de Bob, suponha que ele tenha optado por contribuir com 3% de sua renda mensal, com a empresa depositando outros 3%. Bob poderia subir suas contribuições o quanto quisesse, e a empresa igualaria seu montante até o limite de 6% da renda (por exemplo, se Bob contribuísse com 4%, a empresa contribuiria com mais 4%. Se Bob contribuísse com 6%, a empresa contribuiria com mais 6%. Porém, se ele escolhesse contribuir com 8%, a empresa continuaria depositando no máximo 6%). Assim, Bob passou todo o tempo de investimento mantendo o aporte de 3%, acompanhado de 3% da empresa (total de 6% de sua renda).

Tendo como base o montante total de aporte, se Bob optasse por investir 60% em títulos, 30% em ações e 10% em ativos de alta liquidez, tudo isso através de fundos escolhidos a partir de uma lista dos 25% menos rentáveis da época, e não mexesse em nada, em 2011 Bob teria uma renda anual de US$ 57 mil e um saldo de investimentos de US$ 136 mil.

Se Bob optasse pela mesma distribuição acima, mas em fundos listados entre os 25% mais rentáveis da época, chegaria em 2011 com patrimônio menor, US$ 126 mil (isso mesmo, menor!). Pense como Bob por um instante: não faria sentido ter escolhido os fundos listados entre os mais rentáveis no momento da aplicação? Ora, sendo um leigo, o que mais queremos é rentabilidade. Mas o resultado não foi tão animador porque o que é mais rentável em um determinado período, nem sempre permanece assim no longo prazo.

Se seguisse o passo anterior, mas mudasse de fundo algumas vezes (entre os 25% melhores) durante este período, Bob chegaria em 2011 com patrimônio de US$ 130 mil. Aqui a ideia é que Bob talvez pudesse pensar em não se acomodar, mudando assim suas aplicações com a intenção de tentar "acertar" quais deles poderiam lhe dar um retorno mais interessante.

Se ele conseguisse prever os melhores fundos de três em três anos e migrasse durante esse período, chegaria em 2011 melhor, mas nem tanto — seu patrimônio seria de US$ 166 mil. Imagine que você pudesse prever quais fundos seriam melhores de três em três anos, mudando seu dinheiro entre esses produtos de forma a pegar o melhor de cada fase com o passar do tempo. Parece interessante, não é mesmo? A ideia aqui é mostrar que isso não só não é possível, como não é garantia de resultados incríveis.

O preço da falta de disciplina é que estamos sempre retornando a um ponto no qual não desejaríamos voltar.

– DAVI M. GALDINO

Ser mais agressivo (se expondo com 80% em ações) colocaria o patrimônio de Bob em algo próximo de US$ 160 mil em 2011.

Agora a hora da verdade: se Bob decidisse aumentar sua contribuição de 3% para 4% e voltasse ao primeiro cenário, seu patrimônio seria de US$ 181 mil. Subir a contribuição mensal para 8% lhe garantiria um patrimônio de US$ 334 mil em 2011. Ou seja, fazer um aporte maior teria um impacto mais significativo no patrimônio de Bob do que mexer na diversificação da carteira de investimentos, e isso não é uma hipótese, é um fato concreto que mostra a importância de investir com consistência. O famoso efeito dos juros compostos a seu favor.

Colocando de outra forma, o contexto todo desse exemplo e a conclusão do parágrafo anterior corroboram o sucesso dos melhores investidores: não é tanto em que você investe, mas quanto você investe e se faz isso com disciplina, todo mês. São os aportes frequentes, não a escolha do produto que farão você ter mais patrimônio. Ah, claro, escolher bons produtos enquanto investe sempre vai "turbinar" mais o resultado, mas como nem sempre é possível prever o que vai acontecer, coloque sua energia nos aportes.

O pesquisador W. Van Harlow disse no estudo que "usar o desempenho dos fundos como maior prioridade é um erro. Isso não quer dizer que a rentabilidade da aplicação não interesse, mas nossas análises indicam que o retorno é uma variável menos poderosa quando comparada com o balanceamento da carteira e, acima de tudo, com aportes regulares maiores (maior poupança)".

Logo, preocupar-se com o melhor investimento não irá ajudá-lo se seu poder de poupança for muito limitado ou se você não se preocupar com isso. Assim, prefira aprender a lidar com as frustrações ao deixar de consumir e passar a poupar mais do que apenas conhecer os melhores gestores e seus fundos — o que também é superimportante, mas no seu devido tempo.

Sempre defendi que investir não deve, nunca, ser um ato isolado. Quem investe, investe porque deseja alcançar um objetivo, seja ele um produto qualquer, um bem caríssimo ou uma soma capaz de trazer tranquilidade para o resto da vida.

Investimentos precisam de propósitos, metas que ponham "uma pulga atrás da sua orelha". Na prática, é mais ou menos assim: "Se eu trocar de carro agora usando o dinheiro poupado, não terei dinheiro para dar entrada no apartamento daqui a alguns anos"; ou ainda: "Se eu comprar essa roupa, não terei dinheiro para guardar para a viagem do final de ano".

Os exemplos são simples, mas definir objetivos é exatamente isso. É só isso. O que você quer? Quando você quer? É algo que você quer muito? Fará diferença? Então as tentações de consumo terão que esperar, certo? Pratique essa realidade e logo você terá criado o hábito de perseguir seus sonhos.

TODO DIA É DIA DE APRENDER A GUARDAR DINHEIRO

Felizmente, tenho a oportunidade de aprender diariamente com profissionais muito experientes do mercado financeiro e investidores de diferentes estilos e estratégias. Os interesses, objetivos e estratégias de cada um variam bastante, mas uma característica sempre chama minha atenção: a humildade para aprender.

Viver fora da bolha pressupõe investir tendo objetivos em mente. Ora, como definir metas e projetar a conquista de sonhos no tempo quando a vida pessoal é uma bagunça, não existe autoconhecimento e só o que move as pessoas são as expectativas dos outros? Pois é. Impossível.

A humildade para reconhecer os próprios pontos fracos e para se abrir diante de si mesmo (e da família) é fundamental para que sejam definidas as prioridades de vida. A partir delas, delinear objetivos fica bem mais fácil. Investidores de sucesso são pessoas que dedicam grande parte do seu tempo a aprimorar e usufruir da capacidade de se conhecer melhor.

Gosto muito de uma afirmação que diz: "As grandes tacadas dão fama; as pequenas dão grana". O investidor de sucesso persegue grandes objetivos, sim; mas o faz de forma inteligente. Isto é, ele não fica obcecado pela fama e, enquanto caminha, aproveita inúmeras oportunidades para errar, acertar; porém, mais importante, aprender.

O que vale é dinheiro no bolso e aumento de patrimônio, é claro, mas entender que estes são o resultado de uma estratégia inteligente e consequência de um comportamento adequado é tão ou mais importante que o ato de investir em si.

Perder dinheiro faz parte; *só* perder dinheiro, não! A diferença entre as duas situações é o quanto estamos dispostos a errar e aprender.

Há uma imagem bem peculiar difundida entre os pequenos poupadores: a de que o investidor de sucesso é alguém que prefere manter-se isolado dos demais enquanto cria e executa seus passos no mercado. Isso soa tão ridículo quanto fantasioso. O investidor de sucesso troca experiências constantemente, pois sabe que precisa disso para seus próximos movimentos.

A humildade para questionar e aprender com as operações e decisões de outros investidores só faz sentido quando compartilhar a própria experiência se torna um hábito. O investidor de sucesso sabe que aprenderá ao ponderar as razões de um eventual fracasso, assim como também aprenderá ao ouvir histórias semelhantes de seus pares.

A lógica do investidor de sucesso é simples: se não podemos saber quando e onde surgirá uma boa oportunidade de investimento, então é melhor manter um extenso e cuidadoso relacionamento com profissionais, empresas e pessoas de diversos perfis e áreas de atuação.

Repare que eu usei a palavra "cuidadoso", e isso significa dedicar-se com humildade e atenção sempre que for conversar com as pessoas. Significa ser humano, cordial, gentil e educado com os amigos, colegas de trabalho e liderados. Por quê? Ora, isso significará ser lembrado sempre que alguém pensar em uma oportunidade de investimento.

Ao analisar os aspectos da humildade que comentei, você certamente verá conexão com outras áreas da vida e do conhecimento — e isso é viver fora da bolha. A boa notícia, portanto, é que para ser um investidor bem-sucedido basta começar agindo como uma pessoa humilde e interessada em qualquer atividade cotidiana.

A lição que aprendi trabalhando e investindo durante tantos anos é que o investidor é reflexo da pessoa que somos, não um personagem que escolhemos imitar ou uma máscara que decidimos usar.

Comece com R$ 50,00 ou R$ 100,00 mensais aplicados na boa e velha caderneta de poupança. Incorpore esse hábito, envolva a família e passe, devagar e sempre, a aumentar os aportes de acordo com seus objetivos e orçamento doméstico considerando alternativas de investimento melhores, como Tesouro Direto, CDB, LCI/LCA, fundos de investimento e ações (bolsa de valores).

Você quer viver fora da bolha para sempre, e para isso é importante que seja capaz de se sustentar. Como visto no caso do Bob, aliar vontade, capacidade de poupar e alternativas rentáveis de investimento são o que pode acelerar o caminho rumo à independência financeira.

VIVENDO E APRENDENDO

- Ninguém tropeça no sucesso financeiro; ele é fruto de uma escolha, seguida de compromisso.
- O desejo de ser perfeito (investir quando ganhar mais) pode acabar com a chance de ser melhor.
- Sua agenda e como você gasta seu dinheiro mostram suas prioridades.

16

DIGA "NÃO" COM MAIS FREQUÊNCIA

EXPECTATIVA:
Quanto mais coisas eu fizer, mais poderei aprender e crescer.

REALIDADE:
Viver ocupado é diferente de crescer e amadurecer, e a vida passa muito rápido.

Para firmar-se diante da família, dos amigos e dos colegas de profissão (e não se tornar vítima deles), é preciso antes respeitar-se. Esse processo envolve, entre tantas outras coisas, o aprendizado do "não".

Simplifique e não queira que todos gostem de você. Prefira que todos respeitem seu modo de ser, suas qualidades e defeitos. Sua vida pessoal merece certa blindagem e pessoas próximas tendem a enxergar apenas as superficialidades e aquilo em que podem interferir, uma atitude capaz de desgastar o relacionamento.

Quase sempre, falar "não" é uma simples, mas importante atitude de sobrevivência, quando deveria ser a porta para um diálogo mais claro e com consequências mais interessantes.

Quando diz "não", você não quer apenas ganhar tempo ou sossego, como se batesse uma porta em caráter definitivo, mas principalmente estabelecer as fronteiras necessárias para preservar sua dignidade de forma a também assumir o controle dos passos seguintes. Quem diz "não" com convicção e propósito controla a situação.

Eu me lembro de quando era criança e adolescente e pedia isso ou aquilo para os meus pais. Se era algo que fazia sentido dar naquele momento ou que simplesmente fosse possível de comprar, eles davam. Se o momento não era apropriado, se não podiam ou se eu simplesmente não merecesse, ouvia um "não" bem clássico. Eu ainda tentava retrucar, mas o "não" era mantido.

E me parece ser o que falta atualmente. Vejo muita gente "patinando" ao lidar com uma negativa. Quase que por instinto, acabamos falando mais do que um simples "não", e o momento passa a ser um grave e longo desabafo.

Isso acontece principalmente com pessoas próximas, já que nos sentimos compelidos a explicar os motivos que nos levaram a negar isso ou aquilo. Acabamos, involuntariamente, "cuspindo" verdades

> O grande pessimista colhe todas as notícias ruins do jornal e manda aos amigos a cada manhã. O sensato sabe que o ser humano não é grande coisa, mas gosta dele.

— LYA LUFT

entaladas por tempos em nossos corações e o que era para ser um simples "não" vira uma lição, um tipo de apedrejamento moral.

Aprendi que eu não preciso fazer tudo. Quem faz tudo para todos não tem tempo de fazer quase nada para si mesmo. É muito bonito ouvir "Se não puder fazer tudo, faça tudo que puder" na televisão, mas como lidamos com a frustração?

Nossa educação é feita de muitos "sim" e raríssimos "não", como se a disponibilidade de tudo fosse essencial para a vida plena e feliz. Lembre-se de que nem tudo na vida existe em abundância ou está em local de fácil acesso. Aprender a lidar com a privação é uma forma crucial de crescimento pessoal e o melhor é não tentar evitar que isso aconteça.

Aprendi que nem sempre o "NÃO!" (gritado e rude) é o melhor "não" possível. O debate é uma grande oportunidade de transformar a negação em chance de aprendizado.

Pense, por exemplo, naquele parente que vive pedindo dinheiro emprestado. Ao negar o dinheiro, você está investindo no futuro financeiro dele — entender isso é o primeiro passo para que ele tenha a oportunidade de compreender o que está por trás dessa afirmação.

Aprendi também que manter minha posição e não me deixar levar pela dúvida emotiva é fundamental. Basta pensar na birra das crianças para compreender como isso acontece: basta ceder uma vez, e todas as outras vinte virão como cascata.

Evite a atitude "dois pesos e duas medidas", mas não confunda esse passo com tornar-se uma pessoa inflexível.

Apesar disso, esteja avisado, pode ser que, num primeiro momento, seus parentes e amigos sumam porque você resolveu agir de forma clara em relação ao que você concorda, acredita e não gosta. Isso passa.

Toda mudança tem dessas rupturas. Talvez alguns relacionamentos tenham se firmado apenas por você dizer sempre "sim". Talvez não. Esses últimos vão retornar a você.

Um caso típico que acontece nas famílias são os pedidos de empréstimos de dinheiro. Cobrar de parentes é embaraçoso e incômodo. Mesmo que o familiar em questão seja reconhecido como bom pagador, poucas vezes o dinheiro é devolvido e quase sempre as relações saem prejudicadas.

Quando alguém te pedir dinheiro, imagine-se tendo que se lembrar do dinheiro emprestado em público ou por outro parente próximo. É muito chato! Assim fica mais fácil dizer "não", sem esbravejar ou dar lição de moral.

Aprender a falar "não" com mais frequência significa reconhecer que o melhor investimento na família e nos amigos é o tempo que você passa com eles. O "sim" implica obter um sorriso rápido, mas nem sempre um aprendizado. A frustração, por outro lado, sempre ensina.

Crie um ambiente sadio para o diálogo e esteja sempre disponível para recomendar ou indicar leituras, amigos e atividades estimulantes. Credibilidade e respeito são melhores companheiros para sua jornada que os rótulos de "amigão" e/ou "bonzinho".

Seja coerente e consistente com seus objetivos de vida, mesmo que incomodem parte de sua família ou círculo de amigos. Agradar a todos é muito legal e pode torná-lo uma pessoa popular, mas talvez tudo o que você precise seja passar mais tempo de qualidade com eles.

VIVENDO E APRENDENDO

- Compromisso significa dizer "não" para a grande maioria das possibilidades sedutoras.

- Sentimento de culpa não funciona como fator de motivação, já que é resultado da imposição da agenda de outra pessoa.

- A vida deve ser enfrentada como ela é, não como queremos que seja.

17

FALE MAIS EM PÚBLICO

EXPECTATIVA:
Posso fazer meu trabalho sem precisar saber me apresentar em público.

REALIDADE:
Se você for realmente bom, falar em público será sempre necessário — mas será a parte fácil da coisa.

Alguns desafios pessoais e profissionais se tornam experiências marcantes, inesquecíveis. Falar em público foi um destes momentos na minha jornada, um divisor de águas, como costumam dizer.

Eu tinha apenas 21 anos quando, prestes a completar um ano trabalhando em uma empresa de tecnologia e automação, fui comunicado diretamente pelo CEO de que eu faria uma palestra técnica sobre Bluetooth® em um congresso internacional que aconteceria pela primeira vez no Brasil. Com um detalhe: a palestra teria que ser em inglês.

Talvez você conheça o termo Bluetooth® porque usa direto seu celular no carro ou até mesmo com um fone através dessa tecnologia. Eu precisava explicar tecnicamente a questão, associando-a com os equipamentos à disposição na época. Tudo em inglês.

Em pânico, fui conversar com meu chefe direto e com alguns amigos que atuavam em outras empresas multinacionais. A opinião mais importante que ouvi naqueles dias é a mesma que baliza este capítulo: "Há quem busque uma oportunidade assim a vida toda. Prepare-se, suba lá e faça seu show".

Por que eu? Talvez você esteja pensando que eu era uma espécie de gênio aos 21 anos ou coisa parecida. Esqueça isso. A empresa tinha menos de dois anos no Brasil, eu era o funcionário número sete da operação naquele momento e era o único Analista de Sistemas. O inglês era razoavelmente bom, pelo menos isso.

Como todo candidato a nerd, eu não era exatamente um exemplo de extroversão, aquele cara de fala fácil e que conseguia contar histórias com a mesma facilidade com que aprendia a programar. Como palestrante, eu era um excelente desenvolvedor de software.

Passei algumas noites em claro, nervoso, preocupado, trabalhando no conteúdo que seria apresentado (falamos de noites assim neste livro). Usar ou não slides? Levar equipamentos para demonstrar algo mais prático? Como começar e conduzir a palestra?

As dúvidas me sufocavam dia após dia, mas também abriam minha cabeça para a grandeza daquele desafio: eu conduziria uma sessão diante de uma plateia qualificada, portanto eu seria também o maior aprendiz daqueles instantes mágicos em cima do palco.

Passei a me questionar e a pensar de forma analítica e lógica sobre como dar conta de tudo aquilo. Minha área de formação é a tecnologia — sou graduado em Ciência da Computação —, então eu só consigo lidar com problemas que têm solução.

Bem, muitas pessoas conseguem conduzir uma palestra, mas depois de se preocupar com algumas coisinhas primeiro: conhecer bem o público, trabalhar bem o tema, compreender como é possível estimular as pessoas a aprenderem melhor e ser o mais prático possível na exposição.

CONHECER BEM O PÚBLICO-ALVO

O perfil dos participantes é fundamental para saber que tipo de linguagem, exemplos e *cases* você pode usar. Para que o conteúdo seja fixado e as reflexões façam sentido, é primordial conectar-se com o público.

Só consegui fazer isso assistindo às palestras dos primeiros dias de evento, deixando para mexer na minha apresentação na véspera. A estratégia era arriscada, mas parecia lógica na minha cabeça.

DELINEAR BEM O TEMA

Uma palestra ou o ato de falar em público não é sinônimo de passar uma impressão de conhecimento ou parecer incrível, sabichão. O propósito é provocar reflexões na plateia e convidar os participantes a olhar para o assunto a partir de uma perspectiva nova, diferente, mas com foco prático em uma mudança, melhoria ou transformação.

Minha estratégia precisava ser honesta nesse sentido; afinal, eu era novo e inexperiente — e contei isso de um jeito engraçado para os presentes no dia de minha palestra.

ENTENDER COMO FAZER AS PESSOAS APRENDEREM MELHOR

Talvez você se considere introvertido demais para falar em público, ou quem sabe pense que não é essencial em todas as profissões. Eu respeito sua opinião e confesso que pensava da mesma forma, até passar pela experiência que você agora conhece.

Depois da intimação para representar a empresa e fazer alguma diferença diante daquele público, passei a encarar com muito mais respeito as pessoas que ousam apresentar seus argumentos e opiniões com o objetivo de sensibilizar as pessoas para um novo aprendizado.

De repente, caiu a minha ficha: todo profissional que eu admirava até aquele momento (e até hoje) era capaz de dar uma entrevista, de explicar seu ponto de vista de maneira inteligente, de provocar reações no seu público, independentemente do meio escolhido para se pronunciar.

Ora, essas pessoas mexem com nossa forma de aprender e nos inspiram através de suas palavras, mas nem sempre foram boas em falar em público. E é isso que eu gostaria que você, **caro** leitor,

Eloquência consiste em tornar pequenas as coisas grandes e grandes as pequenas.

– HIPÓCRATES

também levasse a sério sobre o desafio de se apresentar diante de uma plateia.

Minha sensação ao proferir a palestra naquele dia foi simplesmente incrível. Eu finalmente compreendi por que vale tanto a pena estudar e aprender determinadas coisas — para colocá-las à disposição do próximo, compartilhá-las de forma que façam sentido e alguma diferença para quem assiste, mas principalmente para quem tem coragem de se expor.

CONTEXTUALIZAR O QUE SERÁ APRESENTADO

Quando você se propõe a dizer alguma coisa, é importante aceitar a responsabilidade dessa decisão. Você precisa ser claro, verdadeiro e transmitir seu pensamento/ideia/opinião de forma didática. Quando o outro não entende, a culpa é sua.

Parece um exagero associar tamanho peso quando decidimos nos arriscar diante das pessoas, mas as palavras têm um efeito poderoso (sei que você está pensando nos muitos políticos e seus discursos neste momento). Daí a importância de se comunicar com propósito, mas principalmente com propriedade.

Você quer causar um impacto nas pessoas, mas não porque sabe usar as palavras certas e comportar-se como um ator. Estamos falando sério, de conteúdo que tenha o objetivo de gerar reflexões, provocar novas reações e fazer com que o público experimente novos caminhos. Isso só é possível quando seu material faz sentido para quem entra em contato com ele.

No episódio da minha palestra surpresa, o que me deixou um pouco mais tranquilo foi que me posicionei como um dos participantes desde o início do desafio. O que faria sentido ouvir? Por que e como isso faria alguma diferença? Eu conseguiria mostrar exemplos práticos do meu raciocínio para validar minha forma de contextualizar tudo?

FALAR EM PÚBLICO É MANTER-SE EM CONTATO COM A REALIDADE (E SE APERFEIÇOAR DIANTE DELA)

Quando falamos em público, conversamos mesmo é conosco. Se o conteúdo objeto de nossa apresentação é algo que praticamos sempre, aprenderemos sempre mais a cada oportunidade de compartilhar o que sabemos. Isso é fantástico.

A comunicação é um ativo cada vez mais relevante na nossa sociedade, que ironicamente está muito conectada, mas com relacionamentos cada vez mais frágeis e temporários. Não se trata de falar para inflar o ego, mas para criar um compromisso com a realidade, fazer para ensinar, então esvaziar e fazer mais. E realimentar esse ciclo.

Convido você a se desafiar e criar uma oportunidade de dialogar com um público afim sobre algo de seu interesse. Pode ser um clube de leitura, em que você vai expressar sua opinião sobre determinado livro ou até mesmo uma palestra gratuita aberta, em parceria com alguma instituição de sua cidade.

O desafio de aprender e compartilhar tem um impacto maior do que imagina em fazer você aprender mais sobre si mesmo, sobre seu potencial de aprendizado e sobre sua capacidade de realização. Experimente!

VIVENDO E APRENDENDO

- Aprender a se expressar é a forma mais simples e barata de se vender, algo tão importante quanto ser bom em algo.

- Ensaiar uma palestra funciona, mas praticar o que você fala e agir de forma natural produz mais empatia e conexão com a plateia.

- Quanto mais você encara o desafio de se apresentar publicamente, mais você se acostuma, porém isso não torna a atividade mais fácil.

18

EXPERIMENTE NÃO TER CHEFE

EXPECTATIVA:
Ter uma empresa é uma questão de perfil e momento, e posso querer isso um dia na vida.

REALIDADE:
Abrir um negócio é sinônimo de assumir riscos e trabalhar muito mais do que como empregado.

Uma das principais críticas que nós, jovens, recebemos diz respeito à nossa atitude diante daqueles que são diferentes de nós, principalmente quanto às escolhas e caminhos profissionais.

Dizem por aí que não valorizamos adequadamente o esforço dos demais; que não sabemos nos colocar no lugar do outro para interpretar adequadamente suas ações e seu modo de pensar. A crítica é válida e merece reflexão.

Eu sempre quis ser um empreendedor, mas não fazia ideia do que significava na prática, até começar meu primeiro negócio — para quebrar em seguida. E foram mais duas tentativas frustradas (totalizando três) antes de emplacar um primeiro negócio autossustentável e de algum sucesso.

A simples menção ao empreendedorismo costuma dar calafrios em muitas pessoas. Algumas pensam que vão perder todo o dinheiro conquistado; outras, que o negócio simplesmente não vai dar certo; e algumas ainda defendem que a crise não permite realizar esse tipo de investimento, seja lá o que "crise" signifique neste contexto.

Enfim, são muitas as razões que podem alimentar o medo de empreender. A experiência, no entanto, tem muito valor como forma de amadurecer e para enxergar os empresários de uma forma totalmente diferente, mais relevante e necessária.

Paulo Tenório, CEO da Trakto, uma startup brasileira bastante inovadora, resumiu em 2017 seu sentimento em relação ao estilo de vida que envolve o empresário aqui no Brasil, acompanhe:

ABRA UMA EMPRESA

Eu indico: abra uma empresa um dia e experimente por alguns anos o que é a responsabilidade de enfrentar uma folha de pagamento, a regularização de impostos, a equipe, o processo de seleção do time, o investimento em equipamentos, estrutura e conforto para o trabalho.

Indico que você faça esse experimento. Que aprenda a calcular o valor-hora de um trabalho. Que aprenda a calcular o valor de um salário. Que invista incontáveis horas com contadores. Que fique diversas noites sem conseguir dormir, preocupado com as contas.

Indico também que experimente formar pessoas, inspirar o melhor em cada um; motivar com palavras, com respeito, com honestidade e com dinheiro.

Indico que invista em marketing, vista a camisa e saia pelas ruas e redes sociais para atrair clientes. Que experimente também segurar a onda quando os haters e as críticas chegarem, quando duvidarem de você e quando você mesmo duvidar do que está fazendo. De verdade, eu recomendo.

Recomendo ficar no cheque especial para não atrasar um dia a folha de pagamentos. Experimente também olhar no olho de um funcionário e demiti-lo.

Indico chegar em casa detonado por cada plano, ideia, estratégia que não dá certo e, mesmo assim, continuar firme e animado, tentando. Faça esse teste. Vai se ver acordando às 3 da manhã sem razão e com o pensamento num produto, numa conversa de escritório ou num plano para evitar a falência.

Faça esse favor a si mesmo: tente ser o patrão por alguns anos. Experimente ser visto como explorador. Faça esse teste. Mas faça por acreditar que seu negócio vai muito além de dinheiro. E quando se cansar, falir ou tiver sucesso... lembre-se de tudo que você passou.

Guarde isso na alma. Você um dia vai precisar, quando a maré virar e transformar a vaidade em humildade, o ego em "me desculpe", a marra em companheirismo, a malandragem em dedicação, a inveja em desejo de sucesso e as certezas em dúvidas. Faça esse experimento um dia. Abra uma empresa.

(Fonte: https://medium.com/@pauloblob)

As palavras do Paulo parecem fortes demais e até mesmo exageradas, mas depois de mais de quinze anos empreendendo, posso afirmar com tranquilidade que seu desabafo é objetivo e preciso.

A ideia de pedir que você experimente não ter chefe tem como objetivo fazê-lo compreender como é a dinâmica de lidar com o risco. Seu tempo, dinheiro e energia estarão 100% focados no seu próprio negócio, com tudo o que isso representa.

Você ficará no mínimo mais humilde e compreensivo com questões caras ao empresariado brasileiro, destacando-se impostos, mão de obra e burocracia. A boa notícia é que dá para encarar esse desafio de forma organizada.

FAÇA UMA PREPARAÇÃO ADEQUADA

Para empreender, independentemente do ramo escolhido para iniciar seu negócio, você precisa se preparar bastante. O foco deve ser minimizar a chance de o empreendimento dar errado, o que se consegue com conhecimento de mercado, análise da concorrência, plano financeiro e de marketing e viabilidade como um todo.

Estude bastante, leia livros e revistas específicas sobre o seu ramo de atuação, converse com empresários que tenham negócios na área, analise o que os concorrentes oferecem, participe de cursos e eventos sobre empreendedorismo, enfim, invista em conhecimento.

Muitas vezes o que "quebra" um negócio não é a falta de dinheiro, mas um péssimo planejamento (ou a falta dele). Ferramentas como Canvas, a criação e um MPV (Mínimo Produto Viável) e teste de cenários econômicos (Fluxo de Caixa Descontado etc.) são essenciais nesse sentido.

Com tudo isso, quero que você tente visualizar o seu empreendimento antes de ele realmente existir. Agindo assim, o medo vai diminuir, afinal temos muito medo do que não conhecemos, mas agora você já está se familiarizando bastante com a realidade que pretende criar.

Daqui a vinte anos, você não terá arrependimento das coisas que fez, mas das que deixou de fazer. Por isso, veleje longe do seu porto seguro. Pegue os ventos. Explore. Sonhe. Descubra.

— MARK TWAIN

COMECE COM O QUE VOCÊ GOSTA

Antes mesmo de pesquisar o mercado e saber qual o melhor negócio, pense nas opções de trabalho que estejam associadas a gostos pessoais. Será que não existe uma oportunidade de negócio a partir disso que você tanto ama?

A afinidade certamente diminuirá seu medo. Sua principal reação será de prazer e você não terá tanto receio de fracassar, pois estará trabalhando com ímpeto naquilo que gosta muito. Claro que não basta gostar, é preciso valorizar (muito) o item anterior também.

ACREDITE EM SI MESMO

Autoconfiança é essencial para quem vai empreender e quer perder o medo de começar seu próprio negócio (principalmente do zero).

Pense no poder deste item: se nem você mesmo acreditar no seu negócio, como pretende vender produtos e conquistar clientes? Como atrair investidores e sócios para algo que você faz sem propósito? Difícil.

O lance da autoconfiança tem a ver com a credibilidade que você "emprestará" ao seu negócio e ao mercado; portanto, é melhor acreditar sempre, mas com planejamento, do que duvidar ao menor sinal de problema, e desistir.

PENSE NOS SEUS OBJETIVOS, NÃO NOS OBSTÁCULOS

Quando você estiver inaugurando o seu negócio próprio, pense nos principais objetivos traçados, não nas barreiras que virão pela frente (e elas virão). A dica aqui é focar no planejamento que já foi realizado, de modo que sejam tomadas ações e atitudes associadas ao desenvolvimento do negócio, não no medo de dar errado.

É muito comum nos assustarmos quando algo dá errado, mas, para esses momentos, a força das metas, a resiliência e a persistência precisam ser reconhecidas como a única saída para prosperar.

É na crise que muito dinheiro troca de mão, ou seja, muita gente aproveita e cria oportunidades. Por quê? Porque esse é um dos objetivos das pessoas bem-sucedidas.

DÊ UM PASSO DE CADA VEZ

Por fim, uma última dica para romper o medo de empreender é dar um passo de cada vez. Cada conquista merece uma comemoração, o que significa que as vitórias acontecem nas pequenas coisas e na persistência, não nas grandes tacadas.

Sempre costumo orientar que as pessoas não tentem fazer logo a maior loja do bairro. Isso pode e deve ser um sonho, que será logo transformado em objetivos, mas todo começo pressupõe humildade, profissionalismo, seriedade e muito trabalho.

Convenhamos, começar pequeno também tem outra vantagem: se você quebrar, o tombo não será tão feio, tampouco traumático a ponto de tirar de você o desejo de tentar de novo — e isso é de uma relevância enorme.

Quando afirmo que você deve aceitar o desafio de começar uma empresa, lidar com a realidade de não ter chefe (você cumprirá esse papel) e depender praticamente 100% de suas próprias decisões para gerar riqueza, transformação e mudanças no seu entorno não desejo apenas implicar com você ou defender que empresários são fofos e heróis.

Nem tanto lá, nem tanto cá. O objetivo é mais nobre e simples: valorizar também quem arrisca muito (inclusive dinheiro e reputação) para tenta criar, inovar e enriquecer.

Talvez você não tenha o perfil para ser um empreendedor. Talvez isso nunca tenha passado pela sua cabeça.

Experimentar compreender o processo que envolve a oficialização e operação de um negócio também será importante para você; afinal de contas, você provavelmente confirmará sua não inclinação para esse mundo ao mesmo tempo que passará a respeitar (e admirar, quem sabe) muitas pessoas que deram esse passo. A experiência lhe fará bem de qualquer forma.

VIVENDO E APRENDENDO

- O momento certo para empreender não existe. Se você ficar esperando, vai sempre se considerar muito jovem, ocupado, pobre etc.

- Lançar uma empresa é uma experiência libertadora e incrível, mas a gestão do negócio no dia a dia está longe de ser um sonho.

- Liberdade e maturidade sempre estarão associadas a assumir riscos. Quem corre riscos, se sente parte da história.

19

APRENDA A PEDIR DESCULPAS

EXPECTATIVA:
Eu serei uma ótima pessoa (e profissional) e, assim, errarei muito pouco.

REALIDADE:
Você vai errar e se frustrar muito mais do que jamais imaginou, e isso não é negociável. Seu comportamento diante da frustração é uma escolha.

Por acaso, pedir desculpas virou sinônimo de fraqueza de caráter ou algo desmerecedor, de alguma forma? Explico: observando, convivendo e trabalhando ao lado de pessoas bem mais jovens que eu (15, 20 anos mais jovens, quem diria), percebo que há uma dificuldade "viral" em pedir desculpas depois de um erro ou ato falho.

As situações mais frequentes envolvem pedidos muitas vezes simples, relacionados às tarefas do dia a dia profissional.

Um exemplo recente: pedi a um de nossos estagiários que cumprisse uma nova rotina de submissão de arquivos para publicarmos em nossas redes sociais. O novo processo funcionou bem por um tempo, mas, em uma determinada semana, desandou.

Naturalmente, sentamos e eu cobrei um posicionamento em relação ao ocorrido. Será que havia algum problema que eu não tinha percebido? Era algo pessoal, que necessitava de atenção e que por isso tirara o foco do trabalho?

O jovem começou a se enrolar e a dar voltas e mais voltas para explicar o que era simples: ele estava em uma semana de provas e em duas ocasiões simplesmente se esquecera de enviar o material.

Seu controle das tarefas/pendências estava mal organizado e sua gestão do tempo também precisava melhorar, mas ele não aceitava esses fatos de jeito nenhum.

Juntos, passamos e repassamos pelo combinado, mas ele insistia que a culpa por não ter realizado as tarefas não era dele. Provas, o tempo para estudar, sobrou até para a família que "não o incentivava a trabalhar enquanto estudava" (palavras dele).

Agora imagine o tempo perdido e o desgaste durante todo esse processo. Você pode argumentar que tudo isso faz parte do trabalho de um líder, e você está certo, mas tempestade em copo d'água não faz parte da atribuição de um estagiário.

> Viver é entender as pessoas errado, entendê-las errado, errado e errado, para depois, reconsiderando tudo cuidadosamente, entender mais uma vez as pessoas errado. É assim que sabemos que continuamos vivos: estando errados.
>
> – PHILIP ROTH

É claro que ele não era maduro o suficiente e estava aprendendo, mas já tem tamanho e idade para reconhecer simples falhas e desculpar-se por elas — ou deveria ter.

Errou? Tranquilo. Erre quantas vezes for necessário para evoluir, crescer e amadurecer. Seu erro prejudicou outra pessoa ou uma organização? Este também não é o problema, desde que você reconheça, peça desculpas e busque corrigir a falha de duas maneiras simples: não a cometendo novamente; e assumindo as consequências derivadas do seu erro, abordando-as com serenidade e honestidade intelectual.

Culpar outra pessoa/grupo ou justificar não fará o problema desaparecer. É óbvio que pedir desculpas também não. A questão fundamental de aprender a pedir desculpas é reconhecer sua responsabilidade diante da realidade.

Você escolhe realizar ou não determinada tarefa, cumprir ou não o combinado e também reconhecer tanto a decisão quanto os seus efeitos. E pede desculpas quem quer realmente melhorar, não é verdade?

Por que pedir desculpas é tão difícil para algumas pessoas?

Pode ser que os famosos personagens que "carregam o rei na barriga" tenham crescido sob um mantra moral distorcido, sem uma clara percepção do que é certo e errado.

É como se não existisse certo e errado e tudo fosse apenas interpretação, julgamentos impróprios e opinião alheia não solicitada em histórias/narrativas criadas sob medida. A realidade, então, passa a ser sempre contada da forma mais conveniente, o que não faz sentido.

Outro risco deste comportamento é não desenvolver uma visão objetiva e prática do que significa realmente ter compaixão pelos outros, ou seja, não ser capaz de se colocar no lugar dos demais — e isso é algo que precisa ser ensinado através do exemplo, não apenas com palavras (viu, senhores pais?).

Não raro, esbarro com pessoas que parecem programadas para vencer sempre, como se a não frustração fosse uma escolha. As pessoas normais sofrem; se ajudam; e se desculpam. Os "perfeitos" acham tudo isso muito entediante, será mesmo?

Há pessoas que nunca acertaram nada para valer em seus ainda superficiais projetos de vida, embora sejam diariamente lembradas de como são virtuosas, fantásticas e cheias de qualidades. E se nunca acertaram, tampouco erraram feio.

Não se trata de falar de uma minoria privilegiada (inclusive financeiramente, como você pode estar pensando), mas de um grupo que simplesmente acredita que acertar e errar são apenas fases, coisas sem consequência, não etapas fundamentais no crescimento e no amadurecimento. Por que se desculpar por um erro se é apenas algo passageiro, sem importância?

Arrisco dizer que os sempre-certos-e-teimosos-em-se-desculpar se especializaram em procrastinar a decisão mais relevante que devemos tomar na vida: enfrentá-la.

Se dá certo, vangloriam-se e sinalizam virtude mundo afora; se dá errado, são rápidos em justificar o que aconteceu, sempre envolvendo terceiros, o sistema, o clima, a família e seus outros afazeres. Por que se desculpar por algo que não fez? De quem é a culpa, a responsabilidade?

Pedir desculpas não significa ser culpado, mas ser responsável. Quem não pede desculpas, não sente que é culpado, mas isso no sentido da responsabilidade. Insisto que este é o ponto mais importante: quem não se sente responsável, não faz acontecer. Não evolui. Não faz diferença.

Portanto, erre muito. Arrisque mais ainda. Experimente. Tente. Mas lembre-se, depois de estourar sua bolha, no mundo real. Pague o preço. Assuma a responsabilidade. Aprenda a agradecer, a pedir, a merecer, mas também a se desculpar quando estiver errado.

"Obrigado", "Por favor", "Desculpe" são palavras mágicas com o poder de criar muitas oportunidades: experimente usá-las com mais frequência, mas, principalmente, com mais responsabilidade. Simples assim.

Preciso ser honesto. Essa não é uma realidade associada apenas aos mais jovens. No entanto, está exacerbada e exagerada justamente no grupo que deveria ter o maior apreço pela tentativa e erro associados ao protagonismo.

O jovem pode tudo, mas precisa saber que não pode ser hipócrita, fanfarrão e adolescente para sempre. Ser protagonista requer responsabilidade, ao melhor estilo causa e efeito.

VIVENDO E APRENDENDO

- Estar errado não é o problema. A teimosia em aceitar o erro e aprender com ele é o perigo.
- Não se mede o sucesso pelo número de acertos, mas principalmente pelo comportamento diante das frustrações.
- Resistir à tentação de justificar tudo que você faz é tão importante quanto fazer cada vez mais (e falar menos).

20

MIRE-SE NOS GRANDES SONHOS, MAS GUIE-SE POR PEQUENOS OBJETIVOS

EXPECTATIVA:
Agora sim, finalmente vou cumprir todas as promessas feitas na virada do ano.

REALIDADE:
Se definir e cumprir metas anuais é difícil, é preciso ser mais preciso e objetivo.

A essa altura você já percebeu que estou tentando convencê-lo/a a explodir sua bolha (estourar já parece pouco). Quero ver você quebrar algumas regras, mas principalmente reconhecer que pode fazer mais que o esperado pela família ou sociedade (o fantasma da bolha, sempre ele). Os sonhos que possuímos nem sempre são compartilhados por aqueles que frequentam o nosso meio, e é preciso encontrar energia para conviver e driblar essa "conspiração social".

Investi muitos meses participando de cursos diversos (desde psicologia a educação financeira) na tentativa de investigar melhor os desafios que costumam se colocar diante de nossos sonhos e a oportunidade de torná-los realidade.

Ao conversar diariamente com pessoas de culturas, formações e níveis completamente diferentes, encontrei três fatores capazes de bloquear a prosperidade, cada um a seu jeito e grau:

1. MEDO DO DESCONHECIDO

Nossas reações diante dos "nãos" que ouvimos ou levamos da vida (e de nós mesmos) são, em grande medida, reflexos de nosso estágio de maturidade. A prosperidade é uma meta digna, mas a jornada não será recheada apenas de pequenas vitórias e sucessos.

Lembre-se da primeira história contida neste livro, sobre quebrar muros. Meu objetivo era alertar você acerca das duas habilidades essenciais para saber lidar com os desafios e reveses do dia a dia:

Gestão de conflitos
Ouça mais e fale menos. Aprenda a tratar, respeitar, criticar e ser criticado por pares.

Aceitar as frustrações
Encare os resultados não esperados como consequência de ter tentado, não apenas como "teoria da conspiração".

2. FOCO EM OBJETIVOS ABSTRATOS DEMAIS

Para falar sobre metas, vamos fazer um paralelo com as famosas promessas de final de ano: emagrecer, sair do vermelho, parar de fumar etc. O problema é que são objetivos abstratos, são sonhos grandes não acompanhados de ações práticas para tirá-los papel.

E se em vez de "emagrecer", você optasse por "caminhar 40 minutos diariamente"? Se no lugar de "sair do vermelho" entrassem as atividades extras (repare no ato de fazer algo): "listar todas as dívidas", "anotar por 30 dias o que ganha e o que gasta" e por aí vai. Percebeu a diferença? Emagrecer e sair do vermelho são sonhos travestidos de intenções, são desejos, mas não são tarefas que você consegue colocar em um checklist diário.

Gosto muito de uma filosofia do Roberto Shinyashiki sobre esse assunto que pode ser resumida em uma frase: "Objetivo é diferente de intenção". Sua proposta é decompor o sonho, a intenção, em práticas diárias, semanais, mensais e anuais. Emagrecer e sair do vermelho precisam se transformar em passos diários que possam ser acompanhados.

Caminhar 40 minutos, anotar diariamente os gastos, fazer avaliação física, deixar o cartão de crédito em casa, consultar um nutricionista, passar o dia com menos de R$ 50,00, enfim, a ideia é construir uma lista cristalina e autoexplicativa que você possa carregar na carteira, afixar no armário ou acompanhar através do seu celular.

3. ADESTRAMENTO CULTURAL

Nosso desenvolvimento pessoal é muito influenciado pelo meio em que crescemos — que é o horizonte, até onde nossa visão alcança acerca das possibilidades. A questão é como os conceitos enraizados na nossa bagagem cultural influenciam nossas decisões e o que consideramos serem os passos para a realização pessoal.

A tradição de muitos lares sempre foi ter a casa própria, investir apenas em aplicações conservadoras, buscar um emprego estável e desencorajar decisões consideradas arriscadas, como investir na bolsa de valores ou abrir o próprio negócio.

Mas ou expandimos as fronteiras do nosso conhecimento ou estaremos sujeitos a fazer dessa realidade a nossa sina, já que o segundo leva novamente ao primeiro e nos conduz a um ciclo vicioso.

Sonhar grande é importante, mas temos que fazer alguma coisa a respeito. Há alguns anos, uma frase se tornou famosa: "devemos pensar fora da caixa", mas não sei exatamente como convencer alguém de que é algo factível — parece abstrato demais para mim. Prefiro algo como "devemos cultivar opinião própria, arriscar mais e abraçar as consequências de nossas decisões". Liberte-se!

NA DÚVIDA, FAÇA! ARRISQUE!

Depois de ler este livro, suponho que você esteja louco para colocar em prática algumas ideias que lhe surgiram durante a leitura, mas ainda assim tenha dúvidas sobre como isso deve acontecer sem que a coisa toda se transforme em "fogo de palha".

Prefira tomar decisões mais simples e sempre acompanhadas de métricas capazes de mostrar se você está conseguindo alcançar o que deseja. Estabeleça pequenos objetivos. Independentemente do quanto quer alcançar ou quão longe quer chegar, faça-o conquistando pequenos espaços de cada vez, pequenas vitórias e marcos.

Preferimos ser o romancista potencial que foi impedido de mostrar seu talento a ser o romancista que tentou e revelou ao mundo que não tinha talento. Desistindo de nossos sonhos, evitamos fracassar nos projetos que mais nos importam.

– CONTARDO CALLIGARIS

Crie uma lista de objetivos para dez e cinco anos (sonhos), seguida por uma lista de metas para cada 12 meses, que por sua vez se transforma em uma lista para cada mês, que, reorganizada, divide-se em uma lista de metas semanais. Recomendo ainda que, todos os dias antes de dormir, você faça um plano das tarefas e metas para o dia seguinte.

Com metas curtas você pode comemorar vitórias a todo instante (e se não as cumprir, lide logo com o fracasso e passe adiante) e se manter ocupado e atento às oportunidades e necessidades inerentes a cada objetivo.

Tenho certeza de que funciona. Fico por aqui com a expectativa de ter contribuído com seus sonhos e planos. Escreva para me contar sobre isso em alguma das minhas redes sociais.

Obrigado e sucesso!

O autor: Conrado Navarro

Natural de Itajubá, sul de Minas Gerais, Conrado Navarro tem 39 anos e é sócio-fundador do Dinheirama.com, um dos 100 blogs mais lidos do Brasil e um dos mais premiados sites de finanças pessoais e investimentos da internet nacional, do AutoVideos, uma das maiores plataformas de conteúdo automotivo do Brasil e da Grão, a primeira fintech de microinvestimentos do Brasil.

Navarro tem MBA Executivo em Finanças pela UNIFEI, é autor dos livros *Dinheiro é um santo remédio*, *Vamos falar de dinheiro?*, coautor de *Dinheirama*, investidor-anjo, empreendedor serial e aficionado por esportes e carros. Foi eleito o "Guru Financeiro do Ano", em 2012, pela comunidade de investidores ADVFN.

O Dinheirama.com venceu duas edições consecutivas do prêmio Best Blogs Brazil na categoria "Negócios e Finanças", foi apontado pelo Ibope como o blog de Finanças Pessoais mais influente do Brasil e finalista do Prêmio CNH de Jornalismo Econômico em 2011, 2012 e 2013. O blog é hoje uma referência em educação financeira e recebe mais de 8 milhões de leitores todo ano.

Navarro está sempre presente nos debates da mídia especializada, com aparições em diversos veículos de renome nacional, como *IstoÉ Dinheiro*, *Folha de S. Paulo*, *Estadão*, *Exame*, jornais e revistas diversas e já ministrou palestras para mais de 20 mil pessoas. Atua também como professor convidado e consultor independente.

Gostou do livro?
Faça contato com o autor e deixe sua opinião sobre a leitura.
Instagram: @conradonavarro
E-mail: navarro@dinheirama.com
Site: www.dinheirama.com

ASSINE NOSSA NEWSLETTER E RECEBA
INFORMAÇÕES DE TODOS OS LANÇAMENTOS

www.faroeditorial.com.br

CAMPANHA

Há um grande número de portadores do vírus HIV e de hepatite que não se trata. Gratuito e sigiloso, fazer o teste de HIV e hepatite é mais rápido do que ler um livro.

FAÇA O TESTE. NÃO FIQUE NA DÚVIDA!

ESTA OBRA FOI IMPRESSA
EM JANEIRO DE 2020